교회,
더 이상 안 나갑니다

교회가 살아야
나라가 산다

교회,
더 이상
안 나갑니다

박종진 지음

좋은땅

머리말

세계 각국에서 미국 캘리포니아주에 있는 로스앤젤레스로 여행을 가게 되면 꼭 한 번은 맛봐야 하는 햄버거가 있다. 미국 내 타 주에서도 이곳에 오면 먹는 햄버거가 있는데 이것은 바로 햄버거 체인 인앤아웃(In-N-Out)이다. 나도 햄버거를 좋아하지만 이 회사의 이름을 더 좋아한다. 그 이유는 사람은 들어가고 나가는 것을 잘해야 하기 때문이다.

모든 일에 있어서 시작과 끝이 중요하다. 처음 시작할 때는 웃지만 마지막에서 웃기란 쉽지 않다. 시작이 좋았으면 끝도 좋아야 하는데 많은 사람들이 마무리를 못 해서 이제껏 달려온 자신의 인생을 부끄럽게 만드는 경우를 심심치 않게 볼 수 있다.

이민목회 12년째를 달려가고 있지만 교회를 떠난 사람들의 모습은 정말 추하고 상상할 수 없는 추잡한 말로 교회와 목사와 성도들을 비판하는 모습을 볼 때 역시 이민목회가 어렵다는 것을 뼈저리게 느끼곤 하였다. 처음에는 보기 좋은 모습으로 교회에 등록한다. 아무래도 신앙생활을 해야만 이민생활에 작게나마 도움이 되기 때문일 것이다. 그러나 처음과 달리 더 이상 바랄 것이 없으면 교회를 떠난다. 조금만 마음이 상하

교회, 더 이상 안 나갑니다

는 일이 있어도 교회를 홀쩍 떠난다. 아무 말 없이 조용히 떠나면 차라리 다행이다.

교회를 떠날 수밖에 없는 상황이라면 떠나야 한다. 그러나 처음처럼 뒷모습도 아름다워야 한다. 처음은 좋았는데 끝이 좋지 않으면 다시는 연락할 수 없다. 그러나 처음보다 끝이 좋으면 언제든지 다시 만날 수 있다. 끝이 좋으면 다 좋아 보인다. 시작보다 끝을 보고 사람을 평가하기 때문이다. 사람의 됨됨이, 품성을 알 수 있는 기준의 하나는 **'끝이 좋은 가 나쁜가?'**의 여부다.

나는 미국 이민교회를 개척하여 담임목회를 하는 동안 마음이 상한 적이 여러 번 있었지만 기도하며 인내할 수밖에 없었다. 목회자의 눈물과 기도 없이 어떻게 교회를 개척할 수 있겠는가? 가족과 가정보다 교회가 우선이었다. 아내보다 성도들이 우선이었고 자녀보다 교회 안에 있는 청년들이 먼저였다. 그래서 늘 가족들에게는 미안하였지만 개척교회에 열정을 쏟아부어야 했다.

그 결과 교회에서는 존경받는 목사였는지는 몰라도 가정에서만큼은 아내가 남편에게 사랑받지 못하는 느낌, 자녀들이 아버지로부터 관심 받지 못하는 느낌을 주었던 빵점짜리 남편이자 아버지였다. 그러나 교회를 건강하게 세워 보려는 진솔한 목회자가 되어 하나님의 사역을 감당하기 위해 마음을 다하고 목숨을 다하고 뜻을 다하고 힘을 다하여 하나님을 사랑하라는 말씀에 힘을 기울이고 있다(막 12:30).

언제부터인지 나에게 변화가 있었다. 교회 목회는 잘하는데 가정 목회는 소홀했던 바보 목사, 바보 남편에서 이제는 가정이 살아야 교회가 살고 교회가 살아야 나라가 산다는 말처럼 내 영혼과 내 가정이 먼저 살아야 목회도 건강하게 할 수 있겠다는 생각을 가졌다.

목회자와 성도와의 관계는 참으로 어렵고 힘들다. 모든 목회자들이 행복한 목회를 꿈꾸고 있지만 비뚤어진 성도로부터 아픔을 가진 목회자가 의외로 많다. 뿐만 아니라 목회자에게 상처받은 성도들도 있다. 자칫 잘못하면 서로에게 깊은 상처만 남기게 된다. 그럼에도 불구하고 사명을 감당할 수 있는 이유는 목회자를 위로하고 격려하며 감동을 주는 알곡과 같은 성도들도 있었기에 지치고 외로울 때마다 다시 일어나 회복할 수 있었다.

이런저런 성도들과 있었던 솔직한 경험들을 담아 보면서 이민목회의 현장을 통해 교회와 성도들의 신앙적인 삶을 조명해 보고자 한다. 목회를 하시거나 목회 길을 향하는 신학생들에게, 그리고 열심을 다하여 신앙생활을 하시는 모든 성도님들의 영적인 건강과 교회의 건강 상태는 어떤지 점검해 볼 수 있는 자료가 되었으면 한다.

미국 캘리포니아주 로스앤젤레스 카운티 패서디나에서

박종진 목사

감사의 말

  2006년 6월, 미국 캘리포니아주 로스앤젤레스 카운티 패서디나(Pasadena)로 이민하여 목회와 선교학을 공부하게 하시고 교회를 개척할 수 있도록 인도하신 하나님께 감사를 드립니다. 특히 교회를 개척하면서 함께 울기도 하고 웃기도 하였던 사랑하는 아내와 어릴 때부터 교회를 개척하는 데 큰 힘을 주고자 작은 전도사들이 되어 주었던 사랑하는 딸 주혜와 아들 정수에게 미안한 마음과 함께 고맙다는 말을 전해 드리고 싶습니다.

  또한 2020년 3월부터 찾아온 코로나19로 인하여 아무도 찾아주지 않아 교회가 어려움을 겪고 있을 때 함께 기도하며 예배를 드렸던 윤경자 전도사, 김낸시 권사, 이민자 집사, Monica Park, Eden Park, Thomas Cho, Angela Ryou, Erika Laudenorio 청년들에게 격려와 감사를 드리고 싶습니다. 그리고 언제나 교회를 위해 함께 기도해 왔던 장모이신 이루디아 권사와 다른 교회를 섬기면서 본 교회를 향해 기도와 후원을 아끼지 않고 교회 개척에 참여하고자 힘과 용기를 주고 격려해 주신 분들께 깊은 감사를 드리며 베푸신 은혜를 잊지 않도록 하겠습니다.

차례

제1장 교회를 떠나려고 하는 징조

제2장 이런 교인은 되지 맙시다

제3장 교회, 더 이상 안 나갑니다

제4장 성도들이 원하는 것

제5장 목회자의 대체 방안

제6장 잊지 말아야 할 여섯 가지

제1장

교회를
떠나려고 하는 징조

목사에게 있어서 가장 고통스러운 것은 성도가 좋지 않은 일로 교회를 떠나는 일이다. 사정으로 인해 다른 교회로 옮기려고 하는 것은 다행이지만 영원히 교회를 떠나려는 사람들이 문제다. 물론 교회를 떠나야 하는 합당한 이유가 있겠지만 적지 않은 사람들이 사소한 이유로 교회를 쉽게 떠나게 되는데 이것은 결코 교회를 떠나는 이유가 될 수 없다.

1.
주일성수를 게을리한다

　교회를 떠나려고 하는 사람들에게 몇 가지의 징후가 나타나게 된다. 그중 가장 먼저 나타나는 현상이 평소에 열심이었던 신앙생활에 문제가 생기면서 각종 모임에 소홀해지는 것이다. 교회 안에서 모범을 보이려고 최선을 다하는 양 권사, 임 집사, 강 자매가 있었는데 언제부터인가 신앙생활의 즐거움을 갖지 못하는 점을 발견하였다. 개척한 지 얼마 되지 않은 작은 교회에서는 한 가정, 한두 사람만 예배에 참석하지 않아도 예배당이 텅 비어 있는 느낌이 들어 예배 중에 보이지 않는 성도들에게 신경이 쓰이지 않을 수 없다.

　작은 교회의 특징이 있다면 목회자와 성도 간의 거리가 가까워 모든 성도들의 동향을 한눈에 파악할 수 있어 관심과 기도로 함께할 수 있다는 점이다. 심방과 작은 모임으로 성도 간 거리가 좁아 성격과 유형, 심지어는 표정을 보면 심리적 상태까지 파악할 수 있을 정도로 성도 간의 관계가 긴밀하게 유지되고 있다. 또한 작은 교회의 장점이라 생각되는 것은 각종 모임에 참여하지 못하거나, 특히 공예배에 참여하지 못하는 성도들은 소그룹 리더에게, 아니면 목사나 사모에게 참석하지 못하는 사유를 알려 주고 있다.

우려해야 할 문제는 결석 횟수가 잦은 성도에게 안부를 물으면 그토록 다정했던 목소리는 사라지고 마음까지 메말라 있다는 것을 느끼는 경우다. 목회를 하다 보면 서로 간 행동거지를 보면 무엇이 불편한지를 금방 눈치로 알아볼 수 있을 것만 같다. 눈치는 분별력과 같다. 진정한 영적 지도자는 분별력이 있어야 한다. 목사는 성도의 눈치를 보고 판단하는 것이 아니라 정확한 영적 진단을 통해 하나님과 멀리하려는 마음을 다시 주님 앞에 나올 수 있도록 이끌어 줄 수 있는 리더십이 필요하다.

우선 전화상담이 가장 좋은 방법이라 생각되어 전화상담을 거쳐 특별심방을 계획하여 문제가 있다고 생각된 성도를 방문한 적이 있었다. 이 사람은 과거에 심각한 우울증 환자로 약을 먹기도 하였으나 그동안 안정된 신앙생활을 통해 좋아지는 결과를 가져왔다고 성도들 앞에 여러 차례 간증하기도 했다. 그러나 우울증으로 평소에 감정의 기복이 심하여 주기적으로 예배에 빠져 수년간 매주마다 아내와 함께 심방을 하였다.

늘 삐져 있는 표정으로 새침하게 다니는 모습이 안타까워 어느 날 심방을 하기 위해 문을 열고 들어가는 순간 환한 얼굴로 맞이하는 모습을 잊을 수가 없었다. 교회 안에서의 표정은 어두운데 심방을 하면 밝아지는 모습을 발견할 수 있었다. 이런 상황을 반복적으로 느껴 온 결과 나중에는 꾀병이란 사실을 알았다. 주일성수를 안 하거나 새침해 있으면 목사와 사모가 자신을 찾아 줄 것이라고 믿고 있었다. 문제를 일으키면 관심을 가져 줄 것이라는 것도 알았다. 정말 어린아이와 같은 신앙인이었다. 어린아이의 특성은 부모에 대한 의존과 관심을 받고 싶어하는 것처럼 목회자에게 늘 칭찬과 관심을 받고 싶어 한다는 것이다.

군대에서는 관심병사가 있다. 관심병사란 군대생활에 적응이 힘들거나 심리적으로 문제가 있다고 판단되면 특별 관리하는 병사를 말한다. 이처럼 교회에도 관심성도가 있다. 어린아이처럼 돌봐야 예배에 출석하고 칭찬받아야 일하는 성도가 있고, 자신을 돌보지 않고 칭찬받지 못한다는 인식을 받을 때 문제를 일으키는 미성숙한 사람이 있다. 이런 문제의 성도를 어떻게 인도해야 할 것인가는 목회자의 몫이다.

믿음으로 출발하여 믿음으로 성장하고 믿음으로 인생의 막을 내린다면 그것처럼 복된 삶은 없을 것이다. 그런데 적지 않은 사람들이 쉽게 믿음을 포기한다. 오늘날 세상도 포기하고 가정도 포기하는 상황에서 믿음 하나쯤 포기하는 것은 어려운 문제가 아닐 것이다. 믿음생활은 이처럼 쉽지 않다. 대충대충 살면서 천국 가는 곳이라면 믿음의 선조들이 신앙을 지키기 위해 피 흘리지 않았을 것이다. 물론 그들도 흔들릴 때가 있었다. 강한 바람에도 흔들리고, 유행에도 흔들리고, 여론에도 흔들릴 때도 있었지만 끝까지 믿음을 버리지 않고 소망을 굳게 붙잡았다.

주일을 거룩히 지키라는 것은 그리스도인의 의무이자 특권이다. 안식일은 하나님 안에서 편히 쉬는 것이다. 단지 육체적으로 편히 쉬는 것이 아니다. 오히려 주일이 되면 믿는 사람들에게는 봉사의 일로 육체적인 고통이 밀려오는 주일이 더 고된 하루가 될지도 모른다. 그러나 하나님 안에서만 누릴 수 있는 참된 회복과 평안으로 죄에서 자유를 누리게 되는 복된 날이 주일이다.

간혹 목사를 위하고 생각해 주는 마음으로 교회에 나가 주는 사람들이 있다. 교회가 사람을 만나는 교제의 장소로 생각하는 사람들도 있다. 예배는 누구 때문에, 그리고 목사를 위해 출석하는 것이 아니다. 교회란 예수 그리스도 안에서 하나님께 택한 백성들의 모임이다. 목사가 성도를 선택하고 성도가 목사를 선택한 것이 아니라 하나님이 청하시고 택하셨기에 우리 모두는 하나님께 속한 것이다. 사람을 의식하고 목사의 눈도장을 찍기 위한 수단이 아니라 하나님의 출석부에 자신의 이름이 기록되기를 간절히 바란다.

"안식일을 기억하여 거룩하게 지키라" 출 20:8.

2.
십일조를 하지 않는다

    돈 때문에 교회를 떠난 사람들이 많다. 대학 시절 때로 기억된다. 재정을 보시는 장로님이 앞에 나와 교회건축에 대해 브리핑을 하면서 융자를 받아서라도 건축헌금을 하라고 하였다. 교회건축은 성도들의 섬김과 희생이 없다면 할 수 없다. 온 교우들이 교회건축에 힘이 되도록 적금을 들어 건축에 참여하라는 장로님의 설명 때문에 시험에 든 교우들도 있었지만 교회를 사랑하고 하나님께 순종하는 사람들은 교회건축에 참여하였다. 결국 교회건축 때문에 교회를 떠나는 사람과 끝까지 남아 있는 사람으로 갈라지는 상황에 이르렀지만 하나님의 인도하심으로 서울 강남구에 아름답게 교회가 건축되어 지금까지 건강한 교회로 성장해 가고 있다.

    사람들은 믿음과 상관없이 돈에 민감하다. 그래서인지 나는 헌금에 관한 설교를 거의 하지 않는 편이다. 헌금에 관한 설교를 하지 않는 것이 잘하고 있다는 생각은 절대 아니다. 한번은 장로 한 분이 식탁교제 중에 성도들 앞에서 이렇게 말했다. **'우리 목사님은 헌금에 대해 설교를 하지 않아서 좋아요. 십일조를 하라고 강요하지 않아 너무 좋습니다.'** 마치 헌금에 관한 설교를 앞으로 계속해서 하지 말라고 목사에게 간접적으로 가르치고 있는가 하는 생각이 들어 말했다. **'장로님, 헌금에 관한 설교를 전혀 하지 않는 것은 바람직하지 않습니다. 성도들에게 헌금생활도 가르쳐야 바른 목사입니다. 저도 가끔 헌금에 관한 설교를 하고 있습니다.'** 그렇다. 성도들에게 필요하다고 생각되면 바르게 가르쳐야 한다.

감사하게도 우리 교회 성도들은 헌금에 대한 인식이 바로잡혀 모범적인 헌금생활을 하고 있는 편이다. 그렇지 않은 성도들에게는 바르게 가르치는 것이 목사의 의무이기도 하다. 분명한 것은 헌금에 관한 설교를 안 하는 것이 좋은 설교가 아님을 분명히 밝히고 싶다.

하나님께서는 구약시대에서부터 모세를 통해 제사를 드리는 방법을 가르쳐 주셨다. 이스라엘 자손들은 누구든지 여호와께 예물을 드리려거든 소나 양으로 예물을 드려야 한다고 가르치라 하셨다(레 1:2). 레위기에서는 제사의 방법을 가르쳐 주셨는데 부자나 제사장들은 황소나 송아지, 좀 여유가 있는 사람들은 양이나 염소, 가난한 사람들은 비둘기 두 마리, 그것도 없는 사람들은 곡식 가루로 제사를 드리게 하였다. 어떤 것으로 드려도 하나님은 동일하게 받으셨다.

어느 날 예수님이 가난한 과부가 드린 두 렙돈을 보고 크게 감동을 받으셨다. 일찍 남편과 사별하고 힘겹게 살아가고 있었던 이 여인의 두 렙돈은 지금의 돈 1달러도 안 되는 적은 돈이었지만 그에게는 생활비 전부를 드렸던 것이다(막 12:41-44). 하나님께서는 부자나 가난한 자들에게 부담 주시지 않았지만(레 5:6-11) 우리가 마음을 다해 드리는 것이라면 작은 것이라도 소중히 여기시고 감동을 받으신다.

솔직히 말해 보자. 지금은 뭐니 뭐니 해도 머니(Money)가 최고라는 인식하에 돈 때문에 웃고 돈 때문에 우는 세상이 되고 말았다. 이것은 교회 안에서도 마찬가지다. 헌금을 부담스러워하거나 헌금에 대한 반감을 갖는 경우도 종종 있다. 세상으로부터 부름 받아 하나님의 자녀가 된 성도의 가치관은 달라야 한다. 하나님의 은혜를 경험한 성도는 청지기의 마음을 가지고 자기 수입을 여호와 앞에 기쁘게 받으시도록 드려야 한다고 말씀하고 있다(레 1:3).

어느 날 회계 장로님이 질문했다. **'목사님, 오 집사가 4개월째 십일조를 하지 않습니다. 혹시 가정에 무슨 일 있으신가요?'** 나는 그 가정에 어떤 일이 벌어지고 있는지 잘 알고 있었다. 남편은 교회를 좋아하지만 부인은 교회를 부정하고 있는 상황이었음을 짐작할 수 있었다. 남편과 아내가 재결합한 후 가정의 재정은 부인이 맡고 있어 십일조를 중단하고 교회에 나가는 것조차 중단하기 위해 기회를 보고 있는 것이었다.

개신교에서 **'십일조'**는 신앙의 척도라고 보면 틀림없는 사실이다. 믿음이 없어도 약간의 형식적인 헌금은 할 수 있지만 십일조는 보통 믿음으로는 할 수 없기 때문이다. 자신의 수입에서 10%를 떼어 교회에 헌금하는 것이 쉬운 일일까? 사실 십일조뿐만 아니라 모든 헌금은 성도의 의무다. 국민의 세금 없이 군대가 유지되고 국가가 존재할 수 없다. 세금을 내지 않겠다는 것은 국민의 의무를 포기한 것과 같다. 교회는 성도들의 헌금으로 유지된다. 헌금을 하지 않겠다는 것은 교인의 의무를 포기하고 스스로 하나님의 자녀임을 포기하겠다는 것과 같다.

교회에 헌금하는 것을 목사에게 하는 것으로 착각하는 성도가 있다. 사람인 목사에게 헌금하는 것과 하나님께 헌금하는 마음은 엄청난 차이가 있다. 믿는 사람조차도 돈 때문에 교회 못 나가겠다는 사람이 있다.

심지어 헌금을 강요하는 것은 사기라고 말하기도 한다. 교회에서 주일 성수와 십일조를 옹호한다고 비판하는 사람들이 있는데 도대체 어떤 신앙관을 가지고 그렇게 말하는지 도무지 알 수가 없다.

목회자에게 있어서 큰 죄를 범하고 있다면 성도들을 향한 쓴소리를 못 하고 있는 것이다. 이 말 하면 김 집사가 걸리고 저 말 하면 이 집사가 걸리고 아무 말도 안 하면 칭찬받고 싶어하는 박 집사의 눈치가 보인다. 그래서 도덕적인 설교도 못 하고 교훈적인 설교도 못 하고, 헌금에 대한 설교도 못 하는 목회자에게 숨겨진 고통이 있다. 이와 같이 교우들을 가르치지 못하는 것은 목회자에게 가장 큰 죄가 될 수 있다.

성도들의 신앙상태를 진단할 수 있는 방법 중의 하나가 헌금생활이다. 교회를 떠나려고 하는 징조는 가장 먼저 십일조를 중단하거나 액수를 조금씩 줄여 가는 것이다. 그토록 잘하던 감사헌금도 중단하고 봉사도 중단하는 등 헌금으로 장난치는 소수의 사람이 교회에 악영향을 주고 떠나면서 교회에서 상처받았다고 한다. 교회에서 상처를 받았다고 하는 사람들은 많은데 상처를 주었다는 사람들을 만나 보았는가? 아마도 찾아보기 어려울 것이다.

눈물 없이 할 수 없는 것이 목회다. "눈물을 흘리며 씨를 뿌리는 자는 기쁨으로 그 단을 거두리로다"(시 126:5). 성경은 씨를 뿌릴 때에 땀을 흘리지 않고 눈물을 흘린다고 하였다. 참된 성도로 살아갈 때 자존심을 상하는 말을 들어도 참아야 하고, 억울해도 하고 싶은 말을 참아야 할 때가 있다. 목회자의 길은 더욱 그렇다. 목회자는 많이 울어야 한다.

특히 개척하고자 하는 목사, 작은 교회를 이끌어 가는 목사에게 눈물이 많다. 자기 모습이 처량하고 슬퍼서가 아니다. 교인들이 십일조를 하지 않아 교회 재정이 어렵고 교우 중에 목사를 힘들게 하여 우는 것이 아니다. 기도하며 눈물을 흘릴 때마다 속상하기 보다는 하나님께서 나를 다듬고 계심을 뒤늦게나마 깨달아 다행스럽게 생각한다. 세상에서는 우는 자가 실패자라고 말하지만 성경에서는 우는 자가 승리자라고 여긴다. 우는 것 같지만 웃고 있는 자가 진정한 승리자다.

"그러므로 내 사랑하는 형제들아 견실하며 흔들리지 말고 항상 주의 일에 더욱 힘쓰는 자들이 되라 이는 너희 수고가 주 안에서 헛되지 않은 줄 앎이라" 고전 15:58.

3.
매사에 불평만 한다

　교회를 어지럽히고 문제를 일으키는 성도는 누구일까? 유치부생들도 아니고 새가족도 아니다. 아마도 교회를 혼란스럽게 하는 사람은 소위 신앙의 경험이 많다는 직분 받은 교인들일 것이다. 대부분의 교인들은 성경대로 살아가려고 열심을 다하지만 어디에서든지 썩은 감자와 같이 톡 쏘는 사람들이 있기 마련이다. 참으로 인간에게 미련함이 있다. 그 썩은 감자 하나 때문에 주변의 감자들을 썩게 하고 그곳에 온갖 마음을 빼앗기고 있다는 것이다.

　매사에 불평만 하는 오 권사가 있다. 그는 오랜 신앙생활을 통해 봉사를 잘해 왔던 사람이다. 헌금생활도 잘하고 성도들을 향한 섬김도 누구보다 열정적이었다. 이만하면 모범적인 성도가 아니겠는가? 헌금도 잘하고, 봉사도 잘하는데 교회 안에서 나무랄 데가 있겠는가? 문제는 칭찬 받기 위해 봉사하고 만사형통하기 위해 헌금하고 남을 의식하여 잘 보이기 위해 봉사하는 사람이라는 것이었다.

　그에게서 긍정이란 단어는 찾아볼 수 없는 특이한 인물이다. 일을 하면서도 칭찬받지 못하고 돈을 쓰면서 욕먹는 바보 같은 사람이 아니겠는가? 입만 열면 불만과 부정의 말뿐이었다. 유아실이 없다며 교회에 나가지 못하겠다고 말한 적이 한두 번이 아니다. 자신을 위해서 아이와 함께 조용히 예배드릴 수 있도록 화면을 설치하였는데 그가 원하는 유아실이 어떤 것인지 도무지 알 수가 없다. 뿐만 아니라 심방을 가면 말 많은 김 집사 때문에 교회에 가지 않겠다고 투정을 부린다. 예배실이 조금만 추우면 춥다고 말하고 더우면 덥다고 말하는데 교회의 어머니라고 말할 수 있는 따뜻한 권사의 직분과는 전혀 어울리지 않는 사람이다.

더더욱 놀라운 사실이 있다. 교회에 등록한 지 얼마 되지 않은 성도들만 불러 모아 교회를 부정하고 성도는 물론 목사와 사모를 비방하며 혼란스럽게 하는 것은 보통이다. 신앙생활을 오래하면 뭐 하는가? 직분자로서 부끄러워할 줄 알아야 한다. 등록한 지 얼마 되지 않은 새가족이 열심히 봉사하는 것을 보고 자신의 믿음을 부끄럽게 여길 줄 알아야 한다. 마음을 다하여 섬기는 자에게 칭찬과 격려의 말보다는 오히려 시기하고 성도들 앞에서 본이 되지 못하는 자신의 행동을 보고 속히 뉘우칠 줄 알아야 한다.

성경은 불순종을 죄라고 여긴다. 인류 최초의 죄는 아담으로 시작된 불순종이다. 광야로 인도하신 하나님의 의도를 모르고 이스라엘 백성은 불순종하였다. 매사에 목회와 교회에 불평하는 문제 때문에 성도가 떠나고 목사도 떠나게 한다. 현대 사회의 특성도 불순종이다. 모든 공동체의 혼란도 불순종에 있다. 이처럼 많은 사람들이 불순종이 습관화되었다.

구원은 직분으로 받는 것이 아니다. 율법의 행위와 의식을 지킴으로 받는 것도 아니다. 구원은 예수 그리스도를 아는 상식이 아니라 예수 그리스도를 의지하고 믿는 것으로 받는다. 사람들은 자신의 허물을 알지 못하고 살아간다. 세상 사람들과 가치관이 다르다는 신앙인들에게도 허물이 있다.

감투를 써야만 일하는 감투 교인이 있는가 하면 미꾸라지처럼 빠져나가 예배에 참여하지 않는 핑계 교인도 있다. 예배만 시작되면 졸고 있는 묵상 교인이 있고, 교인들을 비판하고 목사를 흠잡는 판단 교인, 이 교회 저 교회 방문만 하고 얼마 지나면 떠나 버리는 철새 교인도 있다. 조용히 말없이 떠나는 그나마 착한 교인이 있는가 하면 교회에 머물면서 매사에 불평만 하는 문제 교인도 있다.

차라리 교회에 나오지 않았으면 좋겠다고 여겨지는 성도가 있다면 얼마나 불행한 성도이겠는가? 한 영혼의 가치가 천하보다 귀하다고 하는데 오죽했으면 아무개 성도가 교회에 나오지 않았으면 하는 생각이 목회자의 마음에 임할 수 있을까? 당해 보지 않고서는 목사가 인내심과 사랑이 없다고 나무랄지도 모른다.

사람의 아픔이 가장 클 때는 배신을 당할 때다. 그것도 가장 가까운 사람에게 받은 상처는 고통스러운 일이다. "거짓을 말하는 망령된 증인과 및 형제 사이를 이간하는 자이라"(잠 6:19). 믿는 사람에게 발등을 찍고 뒤통수를 치는 사람이 있다. 사람들 앞에서는 천사의 말을 하지만 뒤돌아서면 교회와 목사, 사모와 성도들을 서슴치 않고 거짓말로 이간질하는 사람이 있다. 사단은 항상 남을 비방하고 모함하여 해칠 생각을 하고 있다. 매사에 불평하고 이간질하는 자의 소속은 교회가 아니라 마귀의 소속이다.

사단은 이간질하는 자, 훼방하는 자, 더 나아가 온 천하를 꾀는 자라 했다(계 12:9). 하나님과 우리 사이를 멀어지게 하고 성도와 성도 간의 불화를 일으키며, 심지어는 목사의 목회를 부정하고 기도하는 사모의 심정을 건드리며 결국은 자신까지 넘어지게 한다. 사람과 사람 사이를 이간질하는 나쁜 영에 대항하기 위해서는 믿음으로 바로 서 있어야 한다. 불평은 많은 사람들이 가지고 있는 습관 중 하나인데 마귀가 주는 불평과 이간질은 주변 사람들을 매우 지치게 하고 힘들게 한다.

매사에 불평이 많은 사람을 조심하라. 그런 사람은 분명히 교회를 떠난다. 그것도 얌전하게 떠나지 않는다. 성도들에게 전화하여 온갖 불만을 토로하며 상상을 초월하는 거짓과 모함으로 자신을 포장하고 떠나버린다. 그렇다고 속상해하지 말라. 너무 사람을 의지하거나 믿지 말아야 하고 그런 사람과는 상대하지 말라. 봉사를 잘하고 헌금을 많이 한다고 좋아하지 말라. 그런 사람일수록 문제가 많고 목회자를 가장 힘들게 한다. 너무 사람을 믿지 말라. 믿는 만큼 아픔도 크게 다가올 것이다.

목회를 하다 보면 황당하고 예기치 못하는 일들로 별일 다 겪는다. 이런 순간마다 하나님이 함께하심을 경험하게 하고 천사와 같은 성도들을 보내 주시어 위로하게 하신다. 떠나는 성도들을 보고 낙심하지 말고 현재 함께하고 있는 성도들과 즐거움으로 오직 힘써 말씀과 가르치는 일에 전념해야 할 것이다.

"사람이 미련하므로 자기 길을 굽게 하고 마음으로 여호와를 원망하느니라" 잠 19:3.

4.
목사의 눈치만 살핀다

사람들은 이 모양, 저 모양으로 눈치를 보며 살아간다. 며느리는 시어머니 눈치를 살피고 시어머니는 며느리 눈치를 본다. 직장에서는 상사의 눈치를 보고 직장 동료 간의 서로 눈치를 본다. 교회에서도 예외는 아니다. 목사는 교인들의 눈치를 보고 교인은 목사의 눈치를 살펴야 한다. 이처럼 생활 속에서 쓸데없는 눈치작전을 하는 이유가 어디에 있는가? 서로 눈치를 보는 이유는 무언가의 불편함이 누적되어 있기 때문이 아닐까 생각된다.

신앙인은 사람의 눈치를 살필 것이 아니라 하나님의 눈치를 살펴야 한다. 하나님이 나를 어떻게 생각하시는지를 살필 줄 알아야 한다. 요셉이 보디발 아내의 유혹을 뿌리칠 수 있었던 것도, 다윗이 사울을 두 번씩이나 죽일 수 있었던 기회도 있었지만 살려 주었던 것도, 다니엘의 세 친구가 금신상에 절하지 않았던 것도 사람의 눈치가 아닌 하나님의 눈치를 살핀 결과가 아닐까?

사람이 가지고 있는 눈치는 나쁜 감정이 아니다. 눈치가 없다고 해서 착한 인성을 가진 것도 아니다. 오히려 눈치가 없으면 사회생활이 힘들

수도 있고 주변 사람들에게 답답함을 보여 주기도 할 것이다. 좋은 눈치, 빠른 눈치는 좋은 관계를 형성하는 데에 큰 도움이 될 것이다.

그러나 사람의 눈치만 살피게 된다면 어떤 결과를 가져올까? 교인들의 눈치만 살피는 목사가 있다면 우선 듣기 좋은 설교만 할 것이 분명하다. 정확무오한 하나님 말씀보다는 사람의 말로 만들어 낸 세상의 철학과 웃음에 의존하게 되고, 목사의 눈치만 살피는 성도가 있다면 결국은 교회에 적응하지 못하고 교회를 떠나고 말 것이다. 목사와 교회를 하나로 본다는 것은 큰 오류다. 교회의 주인은 목사가 아니다. 건강한 교인이라면 교회의 주인이신 예수님과, 신앙생활을 잘하도록 지도해 주는 목사와 좋은 관계를 맺을 수 있어야 한다.

나는 초등학교 때 배가 아프다며 학교에 가지 않았던 적이 있다. 배 아픈 것은 거짓말이었고 그런 거짓말을 하였던 이유는 어머니에게 관심을 받고 싶어서 비뚤어진 행동을 보인 것이었다. 이처럼 어른들 중에도 어린아이가 있다. 어디를 가나 어린아이처럼 영적으로 미숙한 성도가 있다. 설교 중에 전교인을 한눈에 바라볼 수 있는 곳이 강대상이다. 설교를 듣고 있는 교인들의 태도를 보면 그 사람이 신앙 안에서 잘 성장하고 있는지를 가늠해 볼 수 있다.

설교는 일단 아이컨택을 잘해야 한다. 설교자와 청중의 눈이 맞아야 한다. 설교자와 의사소통을 가로막는 담이 있다면 눈을 마주치지 않는다는 것이다. 이런 부류의 교인이 있다. 목사의 눈과 마주치기 싫어서인가? 설교 시 앞사람 머리 뒤에 숨어 자신을 보이지 않게 한다. 기둥 뒤에 자신의 몸을 숨긴다. 심지어 졸고 있는 척한다.

어떤 속셈인지 설교 시간에 계속 눈을 감고 있다가 누군가의 '아멘' 하는 큰 소리에 눈을 뜨다가 바로 감는다. 의도적으로 팔짱을 끼고 졸고 있는 시늉을 하며 가끔씩 고개를 떨구기도 한다. 예배를 마치면 눈 인사도 하지 않고 다급히 교회를 빠져나간다. 잘하던 소그룹 모임에도 어느 날 갑자기 참석하지 않는다. 전화까지 피하고 문자 메시지에 응답하지도 않는다. 이건 정말이지 그리스도인으로서 부끄러운 모습이 아닐 수 없다.

이처럼 목사의 눈치를 살피는 마음이 얼마나 괴롭고 힘들까? 자신의 몸을 사람 뒤에 숨기고 기둥 뒤에 숨기는 것은 자신을 보호하는 방법이 아니다. 설교 중에 습관적으로 목사의 눈치를 살피는 마음이 얼마나 괴롭고 힘들까? 설교 중에 의도적으로 고개를 떨구며 졸고 있는 척하는 행동으로 목사의 감정과 마음을 흔들어 놓고 있다.

목사의 눈을 피하는 이유가 있을 것이다. 아담이 하나님의 낯을 피하여 나무 뒤에 숨은 이유는 죄로 인하여 하나님과의 관계가 틀어졌기 때문이다. 관계가 뒤틀리면 은혜 받기는커녕 아무것도 할 수 없다. 눈을 마주치지 못하는 것은 무엇보다도 말씀이 자신을 찌른 것이다. 때문에 자신의 죄를 인정하기보다는 염치가 없어 고개를 들지 못하는 것이다.

목사가 자신의 치부를 알고 있으니 저렇게 설교한다고 생각한다. 고개를 들지 못하고 목사의 눈치만 살피고 있다는 것은 *두고 보자*'라는 의미도 담겨 있다. 여차하면 교회를 떠나야겠다는 마음이 항상 마음속에 담겨 있다. 교회에서 자신의 존재성을 과시하고 비뚤어지게 행동하는 나를 어떻게 하는지 시험해 보는 의도도 숨겨져 있을 것이다.

서기관들과 바리새인들이 간음한 여인을 현장에서 붙잡아 예수님께 데려갔다. 그 이유는 예수님을 시험하기 위해서였다(요 8:6). 마귀가 예수님을 시험하기 위해 돌이 떡이 되게 하라고 했고 성전 꼭대기에서 뛰어내려 보라고 했다(마 4:3-6). 어떤 율법사는 예수님을 시험하기 위해 어느 계명이 가장 크냐고 물었다(마 22:35-36). 이스라엘 백성들이 하나님의 기적과 체험을 경험하였으나 광야에서 하나님을 시험하다가 미움을 받았다. 하나님께 불평하면 과연 노하실까 어디 한번 지켜보자는 식이다. 시험의 목적은 어떻게 하는지 능력이나 성품을 지켜보고자 하는 것이다.

사람이 눈치 보지 않고 살 수는 없다. 사람들이 모이는 곳에 불평, 불만이 없을 수는 없다. 교회는 우리가 생각하고 있는 것만큼 완벽하지 않은 곳이다. 성도들은 성도이기 전에 사람이다. 목사 또한 목사이기 전에 평범한 사람이다. 목사도 성도들처럼 칭찬받고 사랑받고 위로받고 싶어 한다. 그러나 목사는 교회를 다스려야 할 책임과 본이 되어야 함을 누구보다도 잘 알고 있다. 그런 목사의 심정과 고통을 교인들이 헤아려 주지 않으면 목회자도 딜레마에 빠질 수 있다.

교회에 등록하여 교인이 되었으면 담임목사를 신뢰해야 한다. "너희 하나님 여호와를 신뢰하라 그리하면 견고히 서리라 그의 선지자들을 신뢰하라 그리하면 형통하리라"(대하 20:20). 교인은 설교자의 말씀을 통해 성장하게 된다. 목사와 좋은 관계 속에서 하나님 말씀을 듣고 자라는 것이 축복된 길이다. 더 이상 목사의 눈치를 살피거나 연약함에 집중하지 말고 목사가 소개하는 하나님의 말씀을 통해 예수님의 마음을 살피기를 집중하는 교인이 좋은 목사를 만들고 좋은 교회를 만드는 것이다.

"너희를 인도하는 자들에게 순종하고 복종하라 그들은 너희 영혼을 위

하여 경성하기를 자신들이 청산할 자인 것 같이 하느니라 그들로 하여
금 즐거움으로 이것을 하게 하고 근심으로 하게 하지 말라 그렇지 않으
면 너희에게 유익이 없느니라" 히 13:17.

5.
설교를 듣지 않는다

성도들이 교회를 평가하는 기준은 아마도 **'목사의 설교가 어떤가?'**일 것이다. 설교에 은혜 받아 등록도 하지만 교회를 떠날 때에는 설교를 트집 잡아 교회를 떠나기도 한다. 목회자는 성도들이 교회를 떠나지 않게 하는 좋은 방법은 계속해서 은혜를 공급하는 설교라고 생각할 것이다.

사실은 그렇지 않다. 개척교회나 작은 교회를 섬겨 보았는가? 중형교회나 대형교회도 다를 바가 아닐 것이다. 설교를 듣지 않는 이유는 설교를 못해서가 아니다. 요즈음 설교 못하는 목회자들이 있겠는가? 교회와 예배당이 작기도 하지만 음향시설과 조명도 빈약한 환경 때문에 설교가 들리지 않는 이유는 이와 같은 환경적인 이유를 전혀 무시할 수 없을 것이다. 이처럼 청중의 눈과 귀는 환경의 영향에 매우 민감하다.

내가 신학대학원에 입학하여 전도사 자격으로 작은 교회에서 사역을 배우며 경험하고 있을 때였다. 밖에서 들려오는 소음과 예배당의 거룩한 분위기는 사라진 채 준비되지 않은 작은 교회라는 것을 쉽게 알 수 있었다. 뿐만 아니라 담임목사 설교 시 '아멘'으로 화답하는 성도는 뒤에 앉아 있는 사모뿐, '아멘'으로 응답하는 것에 너무나도 인색하였다.

그런데 어느 날 작은 교회들이 모여 연합 수련회를 하는 기간에 우리 담임목사님이 설교를 하였다. **'우리 담임목사님이 설교를 저렇게 잘하셨나?'** 싶을 정도로 성령의 은혜로 가득하여 모두가 설교에 집중하고 있는 모습을 보았다. 설교에 집중하지 못하는 이유는 환경 탓이 아니라 무엇보다 자신 탓이다. 예배에 참여하지만 말씀을 방해하는 환경에 노출된 이상 설교는 들려오지 않는다.

씨 뿌리는 비유에서 정확히 말씀하고 있다. 길가에 떨어졌다는 것은 말씀을 듣고 있지만 받아들이지 않았기에 마귀가 와서 말씀을 빼앗아 버린 것이다. 무엇 때문인지 근심이 가득하고 무언가 불만이나 불평이 있어 단단히 굳어져 있는 마음이다. 돌밭에 떨어졌다는 것은 처음에는 말씀을 기쁘게 받아들이지만 뿌리가 깊지 않아 열매를 맺지 못한다. 누구나 처음에는 잘하지만 고난과 시련이 오면 말씀에 따라 사는 것을 쉽게 포기해 버린다. 그야말로 감정 기복이 심하여 환경과 상황에 따라 수시로 변하는 성향이 있다.

가시밭에 떨어졌다는 것은 말씀을 듣기는 하되 세상의 염려와 재물의 유혹과 욕심에 사로잡혀 열매를 맺지 못한다는 것이다. 현재 상황에 만족하지 못하고 늘 부정 속에 갇혀 있는 사람이 있다. 이런 성도는 교회를 떠나려고 하는 신호가 임한 것이다. 말씀이 들리지 않고 교우들과의 관계도 불편해하고 부정적인 생각에 갇혀 교회를 떠나려고 기회를 찾고 있는 성도다.

누가 주님의 몸 된 교회를 지키고 신앙을 지킬 수 있겠는가? 좋은 땅에 떨어졌다는 것은 말씀을 듣고 받아 삼십 배, 육십 배, 백 배의 결실을 맺는 성도들이다. 은혜를 받지 못하여 교회를 떠나려는 성도들이 있을 것이다. 수십 년을 들어온 설교에 지루해서, 새로 부임해 온 목사의 설교가 좋지 않아서 교회를 옮기는 성도들도 있을 것이다.

말씀에 은혜가 안 되는 이유는 설교를 못하는 목사 때문이라고 말하지만 사실은 설교를 듣는 자신의 문제가 더 크다는 것을 인지하지 못하고 있기 때문이다. 욕심의 잡초, 근심의 잡초, 불평의 잡초를 제거하고 말씀에 집중하는 좋은 밭이 되어야 한다. 첫째의 계명에서 주 너의 하나님을 사랑하라고 했는데 어떻게 하나님을 사랑할 수 있을까?

요한복음에서는 말씀이 곧 하나님이라고 했다(1:1). 부모가 자녀들을 사랑한다고 하지만 사랑하는 방법을 모를 때에는 관계에 문제가 생기는 것처럼 성도가 하나님을 사랑해야 한다는 것을 잘 알면서도 막상 어떻게 하는 것이 하나님을 사랑하는 것인지를 모른다면 문제가 생기게 된다. 하나님을 사랑한다는 것은 말씀을 듣고 지키는 것이다. 믿음은 들음에서 난다고 하였으니(롬 10:17) 우선 말씀을 듣는 것이 신앙의 핵심이다.

설교하는 중에 휴대폰 소리에 방해되는 경우가 여러 번 있어 주보 광고란에 **'예배 중 휴대폰은 진동이나 off로 변경해 주시기 바랍니다.'**라고 표기해 놓은 적이 있다. 그럼에도 불구하고 누구나 깜박하고 off로 변경하지 않는 실수를 범할 수 있다. 아니나 다를까 설교 중에 당황스럽고 황당한 일이 발생하였다. 벨 소리가 설교 중에 들려온 것이다. 어떻게 하면 좋을까? 반사적으로 신속하게 전원을 꺼야 한다. 그런데 휴대폰 주인은 10초 이상을 소리가 들려오는 자신의 핸드백만 바라보고 있었다. 10초가 너무 길게 느껴졌다. 어처구니없는 상황이었지만 설교를 멈출 수 없어 더 큰 소리로 진행하였다.

이것은 고의적으로 예배를 방해하고 있는 것이다. 사실 휴대폰의 주인공은 자기애성 성격장애(Narcissistic Personality Disorder)를 가지고 있는 사람처럼 자신은 특별하다며 어떻게든 돌출 행동을 하고 있는 문제 성도라는 것을 스스로 보여 주고 있었다. 그런 문제가 있는 성도는 언젠가는 자신이 부끄러워 교회를 분명 떠나고 말 것이다.

예배에 대한 간절함과 열정이 사라지면 이처럼 오만한 사람으로 변질될 수 있다. 사람을 두려워하지 말고 하나님을 두려워할 줄 알아야 한다 (마 10:28). 예배는 사람인 목사가 인도하지만 예배는 하나님께 드리는 믿음의 행위다. 좋은 교회는 좋은 성도들이 만든다. 좋은 목사도 좋은 성도들이 만든다. 하지만 좋은 성도는 목사가 아니라 하나님 말씀으로 만들어진다. 예수 그리스도를 내 삶의 주인으로 모시는 좋은 밭이 되어 많은 결실을 맺어야 할 것이다.

"이러므로 우리가 하나님께 끊임없이 감사함은 너희가 우리에게 들은 바 하나님의 말씀을 받을 때에 사람의 말로 받지 아니하고 하나님의 말씀으로 받음이니 진실로 그러하도다 이 말씀이 또한 너희 믿는 자 가운데에서 역사하느니라" 살전 2:13.

6.
새가족이 등록한다

이민교회 특성상 이 교회, 저 교회로 옮겨 다니는 철새 교인들이 많다. 이민 보따리를 싸 본 경험이 있는 사람이 교회를 한두 번 옮기는 것은 식은 죽 먹는 것만큼이나 쉽게 생각하는 것 같다. 특히 작은 교회나 이제 시작한 개척교회에서는 새가족이 방문하거나 등록하면 설교 중에라도 뛰쳐나가 반겨 주고 싶을 정도로 한 영혼, 한 영혼이 소중하고 귀하게 여겨진다.

세상에서 비지니스를 하고 있는 사람들은 직원들에게 손님을 왕으로 모셔야 한다고 교육하고 있다. 고객을 왕으로 모시지 않는 직원은 회사에 큰 손상을 입힌다는 생각 때문이다. 하물며 한 영혼이라도 소중히 여기는 교회에서는 그 이상을 요구하기도 한다.

나는 교회 주보 광고란에 **'처음 교회를 방문하신 분들과 새가족에게는 특별한 사랑과 관심으로 친절을 베풀어 주시기 바랍니다.'**라고 성도들에게 권면하고 있다. **'특별한 사랑'**이란 무엇일까? 예수님이 하나님 나라를 완성하시기 위해 종의 모습으로 우리를 위해 십자가에서 죽기까지 복종하신 것처럼 세상에서 경험하지 못한 하나님의 사랑으로 새가족이 잘 정착하고 양육받을 수 있도록 주님이 가르쳐 주신 사랑으로 섬겨야 한다.

그럼에도 불구하고 새가족이 등록하여 정착하는 확률이 10%밖에 되지 않는다고 하지만 실망할 것도 아니다. "나는 심었고 아볼로는 물을 주었으되 오직 하나님은 자라나게 하셨나니"(고전 3:6). 교회는 신앙이 잘 자라도록 물을 주는 사역이다. 교회의 건물이 하나님이 되어서는 안 된다. 목사가 하나님이 되어서는 안 되고 특정인이 교회가 자기 것인 양 좌지우지해서는 안 된다. 목사도 장로도 집사도 교회의 주인이 될 수 없다. 교회는 오직 하나님께 예배하고 찬양하고 경배하는 곳으로 교회의 주인은 머리 되신 예수 그리스도시다.

기존 성도가 교회를 떠나려고 하는 이유가 바로 여기에 있다. 더 이상 교회에서 주인 행세를 하지 못하는 경우다. 지금까지 교회를 좌지우지하며 목회자와 성도들로부터 여태껏 사랑받아 왔는데 새가족 때문에 사랑과 관심이 빼앗기고 있다는 억울함으로 인하여 교회를 떠나려고 한다.

봉사도 잘하고 헌금도 잘하고 주방 일도 잘하는 박 권사라는 분이 있었다. 이런 분이라면 교회의 큰 일꾼이 아니겠는가? 하지만 말도 많고 탈도 많은 문제 성도라는 것을 모든 성도들이 알고 있다. 새가족이 오면 좋아하지 않고 설령 새가족이 오면 가만두지 않는 듯했다. 생각 없이 말하는 말로 상처를 주며 거룩성이 없는 권면으로 빈정을 사기도 했다. 자기보다 우월하다 느껴지면 시기하고 자기보다 부족하다 느껴지면 무시하는 나쁜 습성을 가지고 있어 보기 좋게 포장만 잘된, 정말 위험한 사람을 조심해야 한다.

이 집사라는 분이 등록하였다. 과거에 신앙생활을 하였지만 교회에서 상처받아 오랜 세월을 방황하다 하나님의 은혜로 다시 교회로 인도되었다. 등록한 지 한 달쯤 되었을까? 이제 등록한 새가족이 교회를 위해 무언가를 하고 싶다는 것이다. 몇 가지 제안을 하였는데 심지어 교회 차량이 필요하면 매달 페이먼트를 하겠다며 구입하라는 것이다. 기존 성도들이 할 수 없는 제안을 새가족이 하였으니 목사로서 감동받기에 충분하였다. 그러나 아름답고 고마운 이 집사의 제안을 장로님들과 의논해 보겠다고 하였다.

이러한 문제가 어린아이와 같은 박 권사의 귀까지 흘러 들어갔다. 어찌 되었을까? 그동안 사랑과 관심을 독차지한 듯하였지만 이 집사가 등록한 후로부터는 목사나 성도들의 관심과 사랑이 모두 이 집사에게 흘러가고 있다는 열등감에 사로잡혀 새가족인 이 집사의 흠집 내기 작업을 벌이고, 이 집사 앞에서는 목사와 사모를 모함하기 위한 거짓된 속임수로 목사와 사모를 나쁜 사람으로 만드는 죄질이 불량한 비열한 사람으로 무섭게 변해 가고 있었다. 이처럼 자신만 칭찬과 관심받고 싶어 하는 어린아이와 같은 신앙은 결국 교회를 떠나게 된다.

언제까지 칭찬하고 격려만 해야 할까? 무조건 잘한다고 칭찬하는 것은 이제 갓 태어난 어린아이에게는 필요할 수 있다. 건강하게 성장한 아이들을 보면 부모들의 철저한 채찍과 허물과 잘못이 무엇인가를 듣고 배웠다. 요즈음 아이들이 버릇이 없다고 한다. 잘못된 행동을 보고도 마냥 예쁘다 말하고 무관심한 부모의 책임도 있을 것이다. 사람이 잘못하면 반드시 타일러 주는 것이 진정한 사랑이다.

잠언에서도 말씀하고 있다. "면책은 숨은 사랑보다 나으니라"(27:5). 뒤에서 하는 사랑은 말로만 하는 사랑이다. 듣기 좋은 말만 하고 무작정 덮어 주며 잘못을 숨기려고 한다면 오히려 큰 위험에 빠트리는 결과를 가져다줄 수 있다. 진정으로 그 사람의 영혼을 사랑한다면 바라만 보고 방관하는 것이 아니라 옳은 말을 해 줘야 한다.

성도가 교회를 떠날까 염려되어 하고 싶은 말도 못 하여 속이 타는 목회자들이 생각보다 많다는 사실을 알고 있는가? 특히 작은 교회, 한 영혼이 귀한 작은 교회를 인도하는 목사들에게 가장 큰 아픔을 주는 성도는 새가족이 아니라 가장 오랜 신앙을 경험한 성도들이며 가장 가깝게 지내는 사람들이다. "할 수 있거든 너희로서는 모든 사람과 더불어 화목하라"(롬 12:18)고 말씀하신 것처럼 교회의 본질을 회복하고 우리 자신의 몸이 그리스도의 성전이라는 것을 알고 바른 믿음과 옳은 판단으로 목사와 교우들이 서로 협력하여 선을 이루는 아름다운 하나님의 공동체가 되어야 할 것이다.

"내가 어렸을 때에는 말하는 것이 어린아이와 같고 깨닫는 것이 어린아이와 같고 생각하는 것이 어린아이와 같다가 장성한 사람이 되어서는 어린아이의 일을 버렸노라" 고전 13:11.

7.
목회계획을 반대한다

말 안 듣기로 소문난 청개구리 이야기를 잘 알고 있다. 작은 연못에 엄마 청개구리와 아기 청개구리가 함께 살고 있었는데 엄마의 말과 늘 반대로 행동했던 아기 청개구리의 나쁜 습관 때문에 편할 날이 없었다. 어느 날 엄마 청개구리가 병들어 죽고 나서야 아기 청개구리가 잘못을 깨닫고 비가 오면 엄마 생각에 **'개굴개굴'** 하고 슬피 울었다고 한다.

교회에서도 청개구리와 같은 교인이 있다. 일단 교회 일이라면 반대하고 목사가 하라고 하면 하지 않고, 하지 말라는 것은 적극적으로 행하는 비뚤어진 그런 신앙이다. 누가 보아도 예쁘게 신앙생활을 잘하고 있는 강 집사에게 권사 직분을 주기로 당회에서 결정하고 공동의회에서 통과되었다. 한 주가 지난 후 목회실로 안수집사 한 분이 찾아와 말했다. **'목사님, 자격도 되지 않는 강 집사를 권사로 임명하면 어떻게 합니까?'** 하고 항의를 하는 것을 보고 교만하고 무지하다는 생각이 들어 도저히 용납할 수가 없었다. 그는 지난 주일예배에 나오지 못하여 이미 예고된 공동의회도 참석하지 않았다. 교회의 중직을 맡은 자로서 책임의식이 결핍되어 본이 되지 못하고 일꾼으로 쓰기에 불편한 성도이기도 하다. 하물며 결정된 권사 임명을 반대한다는 것은 어처구니없는 일이었다.

나는 연말이 되면 신년 목회계획을 세워 성도들에게 발표한다. 목회계획 안에는 매년 5월이 되면 수련회를 계획하거나 야외예배가 포함되어 있다. 이 집사는 교회에서 제시하는 일정에 반대하고 어떤 결정이든 불만족스럽게 여긴다. 수련회를 개최하면 참석 안 한다 하고 수련회가 없는 연도에는 왜 수련회를 안 하느냐고 묻기도 한다. 수련회 기간 동안 돼지고기를 먹자고 제안하면 소고기를 먹자 하고, 수련회를 산으로 가자고 하면 온천으로 가자 한다. 자신의 뜻과 맞지 않으면 핑계를 대며 모임에 참석할 수 없다고 떼를 쓰며 응석을 부리기도 한다.

부정이 습관이 되면 상대의 기운마저 빼앗고 불쾌함을 가져다준다. 목회자의 업무 중 심방을 빼놓을 수 없다. 보통 사모와 심방을 동행하게 되는데 간혹 먹거리를 가져가기도 한다. 부정이 습관화가 되다 보니 어쩔 수 없나 보다. 감사하다는 말보다 *'좋아하지 않아요', '안 먹는데요?'* 이와 같은 무뚝뚝한 태도로 목사의 작은 사랑을 거절하기 일쑤다.

나는 심방을 강요하지는 않지만 신년이 되면 봄철에 심방을 원하는 가정을 방문하게 된다. 그러나 아예 처음부터 심방을 거절하는 가정도 있고 눈치를 살피며 끝내는 심방을 원하지 않는 가정도 있다. 심방을 거절하는 성도들이 교회를 떠나는 확률이 많았음을 통계적으로 보여 주고 있다.

코로나19로 인하여 미국은 대부분의 주(州)가 2020년 3월 이후 셧다운, 즉 이동제한조치가 내려져 비필수 사업장에 대한 폐쇄로 교회의 문을 닫고 어쩔 수 없이 온라인 예배를 드려야 했다. 이때 온라인 예배는 좋아하면서 온라인 헌금은 좋아하지 않던 성도가 있었다. 온라인으로 헌금할 수 있다는 주보에 적힌 광고가 가시처럼 느껴져 교회 입장에 불평하는 말을 성도들에게 퍼트리고 있어 모범적인 성도들에게 해가 되지 않을까 매우 염려되었다. 매사에 불평이 많으면 사사건건 불편한 게 많고 시비가 찾아온다. "모든 일을 원망과 시비가 없이 하라"(빌 2:14)고 하지 않았던가?

청개구리와 같은 신앙을 가졌던 대표적인 사람이 아합왕과 그의 아내 이세벨이다. 열왕기상 기록에 의하면 아합은 남유다와 북이스라엘 중에서 가장 사악한 왕으로 바알 숭배를 적극적으로 끌어들이기 위해 여호와의 단을 헐며 하나님의 선지자를 죽였고, 악녀인 이세벨은 바알 숭배자로 하나님을 믿는 이스라엘의 선지자들을 모두 죽였으며(18:3-4), 마지막에는 남아 있던 예언자 엘리야마저 죽이려고 했다(18:13, 17). 그 뒤에도 아합을 부추겨 나봇의 포도밭을 빼앗는 등 많은 죄악을 저질렀다(21:2).

하나님의 질서를 파괴하고 하나님의 뜻을 거슬러서 늘 반대의 길을 선택하는 이유는 무엇일까? 교회를 다니고 하나님을 사랑한다면서 하나님께서 싫어하시는 일만 골라서 하는 행위는 어떤 심정일까? 하나님의 교회를 능욕하고 목회자의 사역을 방해하는 이유는 도대체 무슨 심정일까? 그것도 신앙의 경험과 믿음이 있다는 직분자가 말이다.

목회자가 기도하고 성령으로 무장을 한다고 하지만 탈진하게 되는 이유가 있다. "그가 어떤 사람은 사도로, 어떤 사람은 선지자로, 어떤 사람은 복음 전하는 자로, 어떤 사람은 목사와 교사로 삼으셨으니 이는 성도를 온전하게 하여 봉사의 일을 하게 하며 그리스도의 몸을 세우려 하심이라"(엡 4:11-12). 하나님께서 그리스도의 몸인 교회를 세우기 위해 목사를 교회의 리더로 삼으셨다. 목회자를 도와 교회가 아름답게 세워지도록 협력하는 것이 성도의 참된 모습이 아니겠는가?

'교회, 더 이상 안 나가겠다.'는 것을 가장 큰 무기로 삼는 성도가 있다. 이것은 한 영혼이 소중한 작은 교회에서 두드러지게 나타나는 현상일 것이다. 어린아이가 엄마에게 투정을 부리기 위해 밥을 먹지 않는 것처럼 교회를 나가지 않으므로 목사를 힘들게 하여 목사를 자기 편으로 끌어당기려고 한다. 하나님께서 택한 성도라면 주의 종이 목회를 잘 감당하도록 돌보며 불평거리만 찾지 말고 근심거리를 주지 말아야 한다.

"여호와의 눈은 어디서든지 악인과 선인을 감찰하시느니라 온순한 혀는 곧 생명 나무이지만 패역한 혀는 마음을 상하게 하느니라" 잠 15:3-4.

8.
가정사의 문제가 많다

   바리새인과 닮은 집사 한 분을 소개하겠다. 조그마한 가게를 운영하는 이 집사가 교회에 등록하였는데 심방을 자주 한 편이었다. 가게를 심방할 때마다 찬양이 흘러나왔고 테이블 위에는 언제나 성경책이 펴져 있는 상태로 놓여 있었다. 누가 보아도 매일 성경을 읽고 있는 그리스도인이라는 느낌을 받기에 충분하였다. 정말 보기 좋은 모습이었다.

   그런데 보여 주기 위한 신앙은 오래가지 못했다. 물론 가식적인 행동이라고 예상했던 일이다. 처음 교회에 등록하였으니 이미지 관리를 위해 자신의 신앙을 목사에게 잘 보이려고 했을 것이다. 성도들 앞에서는 믿음 좋은 척하는 말투와 행동으로 사람을 움직여 보려고 했지만 이제는 누구도 더 이상 속지 않았다. 말과 행동이 다르고 겉과 속이 다른 바리새인과 같은 성도라는 것이 들통난 것이다.

   심술이 비뚤어져 있는 이 집사를 심방하게 되면 보통 30분에서 1시간 정도를 소요하는 동안 목사의 권면도 있지만 상대방의 말을 들어 주는 심방을 원칙으로 하고 있었다. 이 집사는 매번 가족에 대한 불평과 불만을 토하는 등 하소연으로 시작해 하소연으로 끝나게 된다. **_아버지는 알코올 중_**

독자였고 폭력적이었다. 신앙생활을 잘하는 어머니도 성질이 보통 아니
었다. 아들은 고집도 세고 말을 듣지 않는다. 동생들과 싸워 이겨 본 적이
없고 며느리를 보면 울화통이 터진다. 과거의 나의 인생은 밑바닥이었다.'

이처럼 심방할 때마다 헤아릴 수 없는 자기비판과 불평, 불만으로 자신의 과거와 현재의 삶을 비판적인 모습을 드러내고 있었다. 그래서인지 심방을 마치고 나면 기쁨보다는 피곤한 몸으로 되돌아오곤 하였다.

사실 자기비판은 자기가 약하다는 표시가 아니라 역설적으로 강한 어조로 표현하면서 자기의 강함을 보여 주기 위함이다. 비판적인 사람들은 많이 가졌지만 현재의 삶에 만족하지 못한다는 것을 알았다. 목사가 성도의 치부를 많이 알고 있다는 것은 좋은 현상이 아님도 알았다. 이런 면에서 나는 한 성도의 가정사를 모두 알게 되었다는 것을 매우 우려하였다. 성도들의 사정과 형편뿐만 아니라 치부를 잘 알고 있는 작은 교회의 목회자들이라면 설교를 하는 데 있어서 어려움이 있다는 것을 알아야 한다.

부자가 천국에 들어가기 어렵다고 말하면 부자인 최 집사가 걸리고, 가난한 과부가 헌금을 제일 많이 드렸다고 설교하면 헌금하지 못한 과부 박 집사가 걸리고, 이 집사를 잘했다고 칭찬하면 칭찬받지 못한 김 집사가 상처받는 실정이다.

성도의 가정을 잘 아는 것이 좋은 것만은 아니다. 그것도 가정의 치부를 목사가 잘 알고 있다는 것은 기도해 줄 수 있어 좋겠지만 나중에는 화를 부를 수가 있다. '치부'란 무엇인가? 남에게 숨기고 싶은 부끄러운 부분이다. 그런데 성도들이 알았고 목회자가 알았다. 자신의 치부를 자신의 입으로 교인들에게 말한 것이 나중에는 결국 자신이 부끄러워 교회를 떠나는 성도도 있었다.

목회자와 성도는 적당한 거리를 유지하는 것이 좋다고 말하기가 이상하지만 서로 간의 건강한 신앙을 유지하기 위해서는 반드시 필요하다고 생각한다. 지나친 처세인지는 모르겠으나 적당한 선을 유지하는 것이 좋다. 나는 언젠가부터 온천장으로 수련회를 가면 성도들과 함께 목욕하며 온천을 즐기지 않는다. 목사와 성도는 너무 가까워도 안 되고 너무 멀어도 안 된다는 원칙이 있기 때문이다. 까칠하고 메마른 소리로 들릴지 모르겠지만 설교자와 너무 친하면 사생활과 허물을 알게 되어 설교의 은혜가 없고, 관계가 너무 멀면 신앙생활에 도움이 되지 않으니 적당한 관계를 유지하는 것이 제일 좋을 것이다. 그러나 사람마다 적당한 선이 어디까지인지 알기가 어렵다.

그렇다면 목회자와 성도의 올바른 관계는 무엇일까? 예수님과 교회의 관계를 신랑과 신부로 설명하였다. 성경은 목회자와 성도의 가장 이상적인 관계는 예수님과 성도의 관계를 닮은 것이라 설명하고 있다. "나는 선한 목자라 선한 목자는 양들을 위하여 목숨을 버리거니와 삯꾼은 목자가 아니요 양도 제 양이 아니라 이리가 오는 것을 보면 양을 버리고 달아나나니 이리가 양을 물어 가고 또 헤치느니라"(요 10:11-12).

목사와 성도의 가장 아름다운 관계는 그리스도가 교회를 사랑하듯 교인을 사랑하는 목사가 되고, 교인들은 목사를 사랑하는 알곡과 같은 성도가 되는 것이다. 믿음으로 맺어진 관계가 서로 간의 해를 끼치는 관계로 번져서는 안 된다. 목회자도 교우들을 사랑하고 교우들도 말씀을 전하는 목회자를 존중하고 섬기는 것이 복된 길이다.

"교만이 오면 욕도 오거니와 겸손한 자에게는 지혜가 있느니라" 잠 11:2.

제2장

이런 교인은
되지 맙시다

선악이 공존하는 세상에는 알곡과 가라지가 함께 자라고 있다. 불완전한 사람들이 모이는 곳에는 언제나 분열과 갈등이 있기 마련이다. 사랑을 말하는 교회에도 알곡과 같은 성도만 있는 것이 아니라 가라지도 함께 자라고 있다. 씨를 뿌리기 위해서는 알곡을 거두기 위함이니 교회에 덕이 되지 못하여 불에 던져지는 열매 없는 가라지 성도는 되지 말아야 한다.

1.
하수구가 터졌어요

    감동을 전하는 사람이 있는가 하면 실망을 안겨 주는 사람도 있다. 좋은 소식을 전하는 사람이 있는가 하면 나쁜 소문만 내는 사람도 있다. 주님의 은혜로 살고자 하는 사람이 있는가 하면 자기 의지대로 살고자 하는 사람도 있다. 주인의식을 가지고 행복하게 신앙생활을 하는 사람이 있는가 하면 손님처럼 구경만 하는 사람도 있다.

    교회의 주인은 하나님이시다. 그러나 그리스도의 몸 된 교회의 관리는 직분자의 몫이다. 교회가 직분자를 세우는 이유는 성도를 온전케 하고 그리스도의 몸을 세우기 위함인데 직분자의 모임을 제직이라고 한다. 제직이란 교회의 직원인 교역자, 장로, 권사, 집사를 말한다. 제직은 하나님으로부터 주어진 것이므로 임의로 그만두어서는 안 되는 것이다.

    사실 많은 교회에서 직분자로 세워져서는 안 될 사람들이 세워지는 경우가 있다. 직분자를 잘못 세워 교회가 큰 시험에 빠져 고통받는 목회자도 있다. 나도 그런 목회자 중의 한 사람일 수 있다. 개척교회일수록, 교회가 작을수록 직분자를 빨리 세워야 하는 이유가 있을 것이다. 공통점의 하나는 일꾼이 부족하여 하나님의 일을 잘 감당하라고 서둘러 직분자를 세우고 있다. 여기에 대한 부작용을 경험한 목회자라면 다시금 실수를 범하지 않기 위해 심사숙고해야 한다.

직분자는 교회의 일꾼이다. "내가 교회의 일꾼 된 것은 하나님이 너희를 위하여 내게 주신 직분을 따라 하나님의 말씀을 이루려 함이니라"(골 1:25). 일꾼은 살림을 책임져야 한다. 교우들을 섬겨야 하고 각종 예배와 행사에 참여하고 봉사해야 한다. 목회자와 협력하는 것과 신앙의 본을 보여야 한다. 여기에서 본이란 인격과 인성은 물론 주일성수, 정직한 헌금생활이 아니겠는가? 특히 장로의 직분은 신자들의 대표라고 교회 헌법에 기록되어 있다. 이는 높음이 아니라 귀함을 말하는 것으로 장로의 직분은 참으로 귀한 직분임이 틀림없다.

그런데 혹시 장로답지 않은 장로가 주변에 있지는 않은가? 장로가 수년 동안 새벽예배에 한 번도 출석한 일이 없다. 특별 새벽예배를 드린다고 해도, 고난주간 새벽예배를 드린다고 해도 꿈적도 하지 않는다. 금요예배도 출석하지 않는다. 거주지와 교회와의 거리가 아주 가까운데도 말이다. 성탄절은 부활절과 더불어 가장 큰 절기다. 성탄절 예배에도 참여하지 않는다면 장로요 직분자라 말할 수 있을까? 믿음이 없어도 성탄절 예배와 부활절 예배에 참여한다는 미국사회에서 말이다.

자신의 주일예배에 대한 충성도는 어떠한가? 내가 알고 있는 장로의 직분이란 무엇보다 교회의 본이 되는 것은 물론 공예배에 충실한 신앙인으로 기억되고 있다. 물론 미국에서의 신앙은 한국에서의 신앙과 좀 차이가 있을 수 있다. 새벽예배가 없는 교회가 즐비하고 주일예배만 드리는 교회도 있다. 그래서 주일예배만 잘 드리면 모범된 신앙인으로 평가를 받을 수 있다는 오해의 소지도 있다. 하지만 많은 직분자들이 공예배 중 주일예배만 참석하면 되고 헌금만 잘하면 된다고 생각한다. 이런 상황이니 목사의 심정 또한 주일예배라도 잘 참석하면 다행이라는 생각이 들 정도다.

주일 아침에 김 장로에게 전화가 걸려오면 불안하다. **'목사님, 오늘 교회에 나갈 수 없습니다.'**라는 전화가 대부분이기 때문이다. 이유를 물었더니 **'하수구가 터졌어요'** 하였다. 한 달 후 또다시 주일 아침에 전화가 왔다. 이번에도 하수구가 터졌는데 수리공이 오늘 시간이 된다고 해서 예배에 참석하지 못하겠다는 것이다. 특히 미국 사회에서 휴일에는 일하지 않는 것이 일반적이다. 설령 수리공이 주일 오전에 일하겠다 해도 장로라면 예배 후 오후에 하겠다고 말할 수 있어야 한다. 목사에게 어떤 거짓말을 해서라도 예배에 빠지겠다는 욕구가 강하여 말이 되지 않는 거짓말을 해 가며 예배위원의 책임을 다하지 못하고 있다.

한 주가 지나고 교회에서 물었다. **'장로님은 하수구가 주일에만 터지나요?'** 하수구만도 못한 예배인데 주님이 그를 위해 무슨 일을 하시겠는가? 장로의 직분은 가졌으나 여러 가지 핑계로 예배를 드리지 못하는 상황이 한두 해가 아니라 여태껏 목회자를 근심케 하고 성도들 앞에서 본이 되지 못하는 장로를 세웠다는 것에 오히려 목사가 성도들 앞에 부끄러울 지경이었다. 이제는 이런저런 핑곗거리가 없어서인지 한동안 아예 교회에 나오지 않았다. 제발 이런 핑계 많은 교인은 되지 말아야 한다.

장로가 되기 전에는 나름대로 신앙생활을 잘해 왔다고 한다. 문제의 시작은 장로의 직분을 받고 나서부터였다. 하나님은 사울을 왕으로 세우신 것을 후회하셨다(삼상 15:11). 사울의 처음 모습은 용모가 준수한 소년이라고 했다(삼상 9:2). 처음 하나님의 부르심을 받을 때는 참으로 겸손했다는 것이다. 왕이 된 사울은 더 이상 하나님을 두려워하는 왕이 아니라 교만과 불순종으로 변질되고 말았다.

누구든지 처음에는 잘한다. 처음에는 직장 상사의 말도 잘 듣고 교회에서는 목사의 권면과 하나님 말씀에 순종하기도 한다. 사울은 처음에는 잘했지만 나중에는 하나님의 말씀을 듣지 않아 이것이 실패의 원인이 되고 말았다. 여호와의 목소리를 청종하지 아니하고 탈취하기에만 급하였고 하나님이 싫어하는 것만 골라서 했다(삼상 15:19). 이것은 사울에게 엄청난 비극을 불러왔다.

내가 목회하는 동안 최고의 실수였던 것은 장로를 쉽게 세운 것이다. 예배위원으로 순서가 맡겨져 있는 상황에서도 책임을 감당하지 못하고 본이 되지 못하는 장로로 인하여 오히려 목사가 성도들에게 미안한 마음이 들었다. 일꾼이 부족하다고 쉽게 집사, 권사, 장로를 세워야만 교회가 부흥되는 것이 아님을 절실히 깨달았다.

무엇보다도 성도는 목회자로부터 하나님의 말씀을 듣고 은혜 받으며 가르침을 받아야 한다. 그러기에 성도는 하나님이 선택하시고 세우셔서 교회를 돌보라고 세워 주신 목사를 하나님의 사자라는 생각으로 존경하고 잘 섬겨야 할 것이다. 또한 목회자는 권위를 내려놓고 성도의 필요를 살피는 것이 목회자의 자세임을 잊지 말아야 할 것이다.

"가르침을 받는 자는 말씀을 가르치는 자와 모든 좋은 것을 함께 하라"
갈 6:6.

2.
헌금을 제일 많이 합니다

대부분의 성도들은 각종 명목의 헌금생활을 하고 있지만 헌금에 대한 교육을 받은 교인은 많지 않다. 왜냐하면 목회자들은 자칫 잘못하면 헌금을 강요하는 것처럼 전해질 수 있기에 말하기를 꺼려하거나 평소 헌금에 관한 설교를 자제하고 있다. 헌금은 교회에 바치는 월회비나 연회비가 아니다. 헌금은 하나님께 드리는 것이지 목사에게 바치는 것이 아니기에 성도들 각자 스스로 자원해서 기쁨으로 드려야 한다.

일부 성도들 중에는 헌금에 관한 오해가 있다. 특히 헌금생활을 잘하거나 헌금을 많이 하는 성도들은 나 때문에 교회가 운영되고 목사의 사례비도 지불할 수 있다고 생각한다. 그래서인지 헌금을 많이 하는 성도가 교회를 좌지우지하며 영향력을 행사하기도 한다.

성도들이 드린 헌금은 어디에 사용될까? 필자는 담임목사가 되기 전에는 헌금 사용에 대해 궁금하지도 않았다. 청년 시절 때에도 물론이거니와 제직에 속하였을 때에도 재정에 관심도 없었다. 교회의 재정부를 그만큼 신뢰하고 있기 때문이기도 하다. 성도들의 헌금 80%는 목회자 사례를 포함하여 교회 운영과 건물 유지에 사용되고, 나머지 20%는 선

교, 구제, 교육 등에 사용되고 있다. 이제 시작한 개척교회나 작은 교회
는 아마도 목회자의 사례비보다는 건물 유지비와 임대료의 비중이 크기
때문에 선교하기가 여간 쉽지 않을 것이다.

교인들 중에 헌금을 가장 많이 하는 가정이 있다. 교회에서 십일조를
가장 많이 하도록 기도하는 성도가 있는데 의도와 뜻이 선하다면 예수
님도 분명 기쁘게 받아 주실 것이다. 성도들이 많지 않은 교회라면 누가
헌금을 많이 하고 누가 헌금에 인색한지를 한눈에 쉽게 알아볼 수 있다.
헌금의 가치는 양이 아니라 믿음으로 드려야 한다. 하나님은 헌금의 많
음이 아니라 그 마음을 받아 주신다.

우리 교회에서 헌금을 비교적 많이 하는 청년이 있었다. 30대 후반의
청년이어서 믿음이 있는 자매를 소개해 주었다. 며칠 후 자매에게 들려
온 소식을 듣고 놀라움을 금치 못했다. **'목사님, 그 가정이 헌금을 제일
많이 한다면서요?'** 첫 만남에서 헌금을 제일 많이 하는 가정이라고 돈 자
랑했던 것이다. 젊은 남녀가 만났으니 마음에 설렘과 기대를 가지고 만
남의 자리로 나섰을 것이다. 그러나 처음 만난 자리에서 헌금을 많이 한
다는 자랑을 한 뒤로부터 단 한 번의 만남으로 그쳐야 했다. 문제는 돈
자랑을 했던 청년은 자매와의 대화 속에서 무엇이 잘못되었는지 아직도
모르고 있다는 것이다. 왜 그런 쓸데없는 소리를 했느냐고 묻고 싶었지
만 끝내는 입을 열지 않았다.

진짜 부자들은 돈 자랑하지 않고 오히려 숨기려고 한다는데 교회에서
헌금을 많이 한다고 세상에 나가 자랑하며 교회에서는 교만하고 큰소리
치는 사람들의 특징이 있다. 특히 이런 부류의 사람은 중·대형교회보다
는 작은 교회에서 더욱 활개를 치기도 한다. 작은 교회에서는 헌금을 많

이 하면 자신을 내세우기 좋은 장소이기 때문이다. 하지만 이들은 기분이 언짢고 수가 뒤틀리면 모든 헌금을 중단하기도 하고 기일을 늦추기도 하며 양을 조절하기도 한다.

이들의 어리석음까지 달래 주는 것이 목회일까? 이런 모습을 보고도 아무런 일이 없었던 것처럼 모른 척하고 찾아가 달래 주면 **'그럼 그렇지. 목사가 나를 찾아와야지.'** 하는 식이다. 이게 한두 번 일이겠는가? 이처럼 거만하고 얍삽한 성도는 되지 말아야 한다.

요즈음 교회에서는 헌금에 관한 설교를 하지 않는 편이다. 헌금함을 돌리거나 헌금자 명단을 주보에 싣는 것이 사라진 교회들도 많다. 나 역시 12년 차 담임목회를 하고 있는 동안에 아직도 헌금에 관한 설교나 특히 십일조에 관한 설교를 자제하는 편이다. 아마도 작은 교회를 담당하는 목회자들에게는 더욱 헌금에 관한 설교를 하기에는 부담스럽게 생각할 것이다. 모든 교우들이 누가 헌금을 잘하고 누가 안 하는가를 금방 식별할 수 있는 곳이 작은 교회이기 때문이다.

헌금을 잘하는 사람들은 오히려 떳떳하고 불평할 이유가 없겠지만 못하는 사람에게는 부담과 상처가 될 수도 있다. 그러나 헌금에 관한 설교와 교육은 교회의 규모와 상관없이 바르게 가르칠 부분이다. 신앙생활에 방해가 되지 않도록 교회 등록을 강요하지 않는 교회, 십일조가 없는 교회, 아예 헌금이 없는 교회도 등장하였으니 이것이 바른 교회일까? 참으로 웃기고 정신 나간 교회다. 교회도 이처럼 사람에게 편리하도록 변질되어 가고 있는 소수의 교회들이 있다.

실제로 헌금을 잘하고 헌금에 관한 의미를 잘 알고 있는 사람들은 마음가짐에 많은 변화와 도움이 되었다고 말한다. 헌금은 적고 많음의 차이가 아니다. 예수님은 무리들이 헌금하는 모습을 보고 두 렙돈을 드린 과부의 마음을 높이 칭찬하셨다(막 12:41-44). 예수님은 무엇을 얼마나 드렸는가를 바라보신 것이 아니라 어떤 마음으로 드렸냐를 보셨다.

빗나간 사람들은 목회자가 은근히 헌금을 강요한다고 한다. 돈이 없으면 교회도 못 나간다는 소리도 한다. 예수 믿고 헌금 많이 하면 축복받는다고 거짓말을 한다고 한다. 정상적인 목사라면 절대 그렇게 말하지 않는다. 그리고 바른 믿음을 가진 성도라면 목사가 하지도 않은 말을 꺼내서는 안 된다. 교회는 돈으로 세워지는 것이 아니다. 돈으로 선교하는 것이 아니다. 모든 사역을 돈으로 한다고 생각하는 부정의 사람은 헌금을 많이 하는 것이 자랑이 되기도 한다.

교회를 세우는 일은 주님께 부름을 받은 자로서 가장 가치가 있는 일이다. 이런 가치 있는 교회가 하나님께로 부르심을 받은 자들의 모임이라면 우선 돈보다 마음과 정성을 드려야 한다. 자랑삼아 돈을 투자한 자는 떠나지만 마음을 쏟은 자는 아직도 교회에 남아 함께 신앙생활을 잘 하고 있는 것을 볼 수 있다. 삯꾼 목사는 돈이 필요할지 모르나 선한 목사는 돈보다 양을 살핀다. *'헌금을 제일 많이 합니다.'* 이처럼 하나님은 자랑하고 생색내는 그런 예물을 받지 않으신다.

"각각 그 마음에 정한 대로 할 것이요 인색함으로나 억지로 하지 말지니 하나님은 즐겨 내는 자를 사랑하시느니라" 고후 9:7.

3.
영세를 받았는데요?

부활주일 아침 9시에 심상치 않은 전화벨 소리가 울렸다. 늘 그래 왔듯이 주일 아침의 전화는 반가운 소식보다 은혜에 찬물을 끼얹는 불편한 전화들로 가득하였다. 특별히 그날은 부활주일에 세례를 받아야 하는 성도가 있어 뜻깊은 세례가 되기를 준비하고 있는 시간에 울리는 전화벨 소리는 불길한 예감이 들었다.

아니라 다를까 부활주일에 세례를 받고자 하는 남편의 부인이었다. 부인은 1년에 한두 번 교회에 참석하는 방문자인데 남편의 세례에 불만족을 표시하기 위해 목사에게 전화를 한 것이다. 우리 남편은 천주교에서 영세를 받았는데 굳이 기독교에서 다시 세례를 받아야 하느냐고 집요하게 묻고 따지는 것이었다. 그동안 남편이 세례를 받기 위해 문답식도 하였고 한두 달 전부터 교회에서 공고하였으니 아내도 알았을 텐데 당일이 되어서야 주일 이른 아침부터 남편 대신 아내가 나서 어이없는 불쾌한 상황이 벌어진 것이다.

목회의 경험과 지혜가 부족한 개척 초기라 예배를 앞두고 더욱 긴장된 불안한 마음과 함께 목회자의 마음을 쑤시는 부인의 한 통의 전화가 꽤

씸하기도 하였다. 결국 교회의 법을 따라야 한다고 강력하게 권고하며 세례를 받아야 한다고 매듭지었지만 그 후 짧은 신앙을 정리하고 교회를 떠나고 말았다. 부인의 행동은 아무리 믿음이 없는 사람이라 할지라도 오만방자하기 짝이 없다. 건강한 신앙인의 생각으로는 상상할 수도 없는 일이었다.

천주교에서 기독교로 개종하였으면 기독교법을 따라야 하고 교회에 등록하였으면 교회법을 따라야 하는 것이 마땅하다. 교파마다 다르겠지만 천주교의 영세를 인정하지 않는다는 교회의 결정대로 교회의 교인이 되기 위해서는 개신교에서 베푸는 세례를 다시 받아야 한다. 물론 어느 교단에서는 천주교에서 영세를 받은 신자라면 간단한 입교 절차만 밟으면 개신교 신자가 될 수 있도록 하였다.

과연 개신교의 세례가 천주교에서는 인정될까? 많은 개신교들이 천주교의 영세를 인정하지 않는 것처럼 천주교에서도 개신교의 세례를 인정하지 않는다. 심지어 침례교회의 경우에는 대부분 머리에 물을 뿌려 세례를 받은 기독교인들이 침례교회로 이적할 경우 다시 침례를 받아야 한다고 주장한다.

로마에 가면 로마법을 따라야 한다는 말이 있다. 우리가 너무나도 잘 알고 있는 로마 속담에 담긴 의미가 무엇인가? 이것은 바로 새로운 지역에 갔으면 그 지역의 풍습과 규칙을 지켜야 한다는 말이다.

신앙생활을 한 지 얼마 되지 않았어도 이런 사람은 되지 말자. 말과 행동의 기본은 때와 장소를 구분할 수 있어야 한다. 주일 아침부터 무례하게 목회자에게 전화하여 자기 뜻을 관철하고자 시비를 걸지 말아야 한다. 목사에게 가장 분주하고 긴장되는 시간은 주일 아침이다.

모든 일을 할 때에는 사람에게 원망과 시비가 없어야 한다(빌 2:14). 천주교에서 영세를 받았는데 또 받아야 하느냐 원망하고 시비하고 있지 않은가? 좋은 관계를 위해서라면 사람에게 시비를 걸지 말아야 한다. 영세와 세례가 뭐가 다르냐고 따지고 들면 미련한 짓이다. 사전에 대화를 요청하면 좋을 텐데 당일 주일 아침을 택한 이유는 무엇일까? 기쁨의 공동체가 되기 위해서는 서로 간의 불편함을 주는 말과 행동인지를 분별할 수 있어야 한다. 그렇기 때문에 우리는 매번 자신의 신앙생활을 점검해 볼 수 있어야 한다.

"모든 일을 원망과 시비가 없이 하라" 빌 2:14.

4.
그 사람 때문에 힘들어요

교회 안에는 성숙한 신앙인이 있는가 하면 어린아이와 같은 성인아이도 있기 마련이다. 심리학자들이 말하는 성인아이(Adult Children)란 일차적으로 역기능 가정에서 자란 사람을 말한다. 어린 시절에 받은 상처로 인하여 성인이 되어도 과거의 모습이 그대로 존재하고 있다. 말 그대로 성인아이란 몸은 성인이지만 정신상태는 철없는 아이라는 것이다.

성인아이의 가장 큰 특징은 자신이 소외감을 받고 있다고 생각하는 것이다. 버림받는 것에 대한 두려움과, 특히 자신을 고립시키는 성향이 있으므로 자신보다 낫다는 사람들을 보고 안절부절하며 사람들과 친밀한 관계를 맺지 못한다. 건강한 행동이 무엇인지를 잘 모르고 진실을 말해도 되는 상황에서도 필요 이상으로 거짓말을 잘한다. 거짓말이 자신의 안전을 지켜 준다는 것을 배웠기 때문에 거짓말을 입에 달고 산다.

언젠가 성도 한 분이 새롭게 신앙생활을 해 보겠다고 다짐하며 교회에 등록하고 나름 열심을 다해 신앙생활을 잘하고 있었다. 나이에 걸맞지 않게 참으로 즐거운 분이었다. 소그룹을 함께하다 보면 그분 때문에 웃기도 하여 새가족인 그분에게 관심이 더 갈 수밖에 없었다. 아뿔싸, 이것이 문제가 되었다. 새가족에게 관심과 사랑으로 다가가는 것은 기존 성도들의 당연한 과제가 아니던가? 전도한 사람이 새가족과 함께 앉아 예배 드리는 것이 좋은 현상이 아닌가? 그런데 새가족에게 친절을 베푸니 시기와 질투를 참을 수 없어 새가족을 밀어내기 위해 안간힘을 쓰는 비뚤어진 성도가 있었다.

오래전 한국에서 신앙생활을 할 때 새가족을 향한 전도한 사람의 지침서를 담임목사님으로부터 다음과 같이 전달받았던 것을 기억한다. *'3개월 동안은 새가족과 함께하라. 예배도, 식사도 함께하라. 가능한 화장실도 함께 가라. 일주일에 한 번씩 통화하라.'* 새가족이 낯선 곳에 정착하기 전까지 잘 섬겨 주고 잘 대접하라는 의미다. 교회 안에 있는 성숙한 신앙인들은 이러한 광경을 보고 아름답게 여기지만 성인아이는 시기심이 가득하여 괴로워한다. 더 나아가 즐거움을 전하는 새가족, 봉사를 잘하는 새가족, 목사에게 관심받고 사랑받고 있는 새가족을 보면 충동적인 행동을 하게 된다.

한동안 소그룹에 참여한 성인아이가 새가족이 등록한 이후부터 소그룹에 참석하지 않자 심방을 하였다. *'소그룹에 참석하지 않는 이유가 있습니까?'*라고 묻기도 전에 새가족 때문에 힘들어서 참석하지 않겠다는 것이다. *'왜 그렇게 생각합니까?'*라고 물었다. *'어떻게 이 집사님은 그 사람과 항상 함께 앉아서 예배를 드려요? 그리고 그 사람은 소그룹 시간에 말이 많아요. 그 사람 때문에 앞으로 소그룹에 참석 안 합니다.'* 어린아이처럼 투정을 부리고 있는 것이다. 한마디로 새가족에게 관심을 빼앗기니 평소에 감정 기복도 심하고 자존감이 낮은 사람이라 스스로 소외감을 느낀 것이다.

성도들의 상황과 심정을 잘 아는 사람은 누구보다도 담임목사가 아닐까? 전도한 사람이 새가족과 함께 앉아 예배 드린 후 함께 식사하는 것은 당연하다. 그러나 새가족에게만 관심을 두고 있다는 소외감, 자신에게 관심을 주던 목사가 새가족에게 더 많은 관심을 쏟고 있다는 시기와 질투심, 자신보다 말을 재미있게 잘하고 자신보다 봉사를 잘하는 그 사람이 괜히 미운 것이다.

성인아이가 목사에게 늘 하는 말이 있다. **'목사님, 그 사람 때문에 힘들어요.'** 그런데 목사는 성인아이 때문에 낙심하며 힘들다고 지금껏 누구한테도 말 한 마디 못 하고 있다. 그래서 목회자들은 속이 새까맣게 타들어가도 주님 앞에 나아가 울 수밖에 없다. "우리가 선을 행하되 낙심하지 말지니 포기하지 아니하면 때가 이르매 거두리라"(갈 6:9).

교회 안에 성인아이가 많을수록 목사는 물론 온 교우들, 특히 새가족들이 정착하는 데 매우 힘들어한다. 어느 새가족은 혼자서도 안정된 신앙생활을 잘하고 있을 즈음에 성인아이라는 사람은 매주마다 가르치는 말투와 비꼬는 말투로 인하여 상처를 받았는지 교회에 나오지 않는다.

또 어떤 새가족은 카페에서 직업으로 오르간을 연주했을 정도로 경험과 음악성이 뛰어나 여러 악기를 연주할 수 있는 재능이 있어 찬양단에 합류하여 청년들을 지도해 달라 부탁하였다. 성인아이는 이것을 알아채고 먼저 온 기존 성도라는 텃새를 부리며 새가족을 업신여기는 행위의 결과로 새가족이 정착하지 못하고 교회를 떠나고 말았다.

성인아이는 사람들과의 친밀한 관계를 유지하는 데 한계가 있다. 어린아이가 철없는 것은 당연할지도 모른다. 그러나 어른이 되고 신앙 경험도 있어 직분도 받은 성인아이들이 문제다. 목회자들이 탈진하는 이유는 이런 성인아이들의 건강하지 못한 행동 때문이다. 이들은 건강하고 정상적인 행동이 무엇인지를 알고 있지만 늘 반대로 행하려고 한다. 남을 비웃고 험담함으로 자신의 부족함을 감추거나 보상받으려고 한다.

 필자가 목회하는 동안 최고로 놀랄 만한 충격적인 사건이 있었다. 새가족들을 두세 명 불러 모아 교회를 비판하고 목사와 사모를 흉보며 목회자들을 잘 따르던 새가족들을 자기편으로 만들려고 분열을 조장하기 위해 이간질을 하였다. 교회 안에서는 천사와 같은 모습으로 목회자와 교우들을 섬기며, 삶을 나눌 때는 하나님이 도우셨다고 말하지만 교회 밖에서는 늘 부정적인 대화로 교우들을 이간질하는 나쁜 사람이라는 것을 모든 교우들이 잘 파악하고 있었다.

 평소 사고를 많이 치는 문제 성도라서 그 사람을 신뢰하지는 않았지만 목사와 사모를 흠집 내기 위한 작업을 했다는 사실이 믿어지지 않았다. 벌어진 모든 상황들을 거짓말로 둔갑시켜 자신에게 이로운 해석으로 새가족들에게 전달한 내용들이 목사에게 알려진 것이다. 비밀이란 게 어디 있겠는가? 자신의 거짓말들이 들통났다는 것을 눈치라도 챘을까? 그 뒤로부터 팬데믹을 핑계 삼아 8개월 가까이 교회에 출석하지 않았다.

 성인아이가 저지른 이 엄청난 소식을 듣고 필자는 아내와 함께 매우 힘들어했다. 배신감, 모욕감이 밀려와 작은 신뢰감마저 송두리째 사라져 버렸다. 새가족은 교회를 어지럽히고 목회자를 모욕하기 위해 이간질하는 말을 듣고 *'정말 우리 목사님, 사모님이 그런 분일까?'* 하고 무척 혼란스러웠다고 한다.

 목사와 사모가 하지도 않은 말을 만들어 이간질하는 자를 보면 사악한 여자 이세벨이 생각이 난다. 자칭 선지자라 하는 이세벨은 하나님의 종들을 가르쳐 꾀어 행음하게 하고 우상의 제물을 먹게 하였다(계 2:20).
이때 두아디라 교회는 이를 용납해 주어 예수님으로부터 책망을 받은
교회다. 어찌 이들의 잘못을 보고 침묵할 수 있겠는가?

마귀는 하나님과 성도들 사이에 이간질하는 자다. 마귀는 거짓말하는
자요, 거짓말하는 자의 아비다. "패역한 자는 다툼을 일으키고 말쟁이는
친한 벗을 이간하느니라"(잠 16:28). 사탄이 성도로 가장하는 것과 무엇
이 다르겠는가?(고후 11:14). 이간질한 자를 찾아가 사실을 말하라고 묻
고 싶었는데 스스로 교회에 나오지 않으니 다행인지 모르겠다.

누구나 사역을 하다 보면 어처구니없는 일로 힘들거나 아픔을 이겨 내
기가 어려울 때가 있다. 목사도 욕을 먹으면 마음이 아프다. 상처를 받
으면 슬프기도 하다. 그렇다고 해서 영혼 구원에 대한 사역의 짐을 쉽게
내려놓지 못하는 것은 하나님으로부터 주어진 사역과 소명을 받았기 때
문이다. 그러기에 화나는 일이 있어도 화내지 못하고, 욕을 먹어도 욕을
쓰면 안 되고, 모욕을 당해도 대응하지 못하는 경우가 많다.

예수님도 그렇게 사셨다. 바리새인들과 서기관들은 조금만 문제가 생
기면 예수님을 비난하였다. 아무 잘못 없이 빌라도 앞에 끌려가 심문을
받고 법정에 서기도 하였다. 끝내는 자기를 낮추시고 십자가에 죽기까
지 하셨다.

좁은 문은 생명으로 인도하는 문이라지만 너무 협착하고 좁아 사람들
이 찾아 주지 않는다. 많은 사람들이 교회를 다니며 하나님을 믿는다고
한다. 그렇지만 큰 문과 편안하게 달릴 수 있는 넓은 길을 선호하지만 무
거운 십자가를 지거나 멍에를 메지 않으려고 한다. 더군다나 이민목회
는 한국에서 목회하는 목회자들보다 비교할 수 없을 정도로 열악한 환

경으로 인해 때로는 사역을 완전히 내려놓는 목회자들도 많다. 목사인 남편만 보고 평생을 사역하는 사모들은 목사 이상으로 상당한 스트레스를 받고 있으며, 목회자 자녀들도 마찬가지다.

'겨 묻은 개가 똥 묻은 개를 나무란다.'라는 속담이 있듯이 자신의 잘못이 더 크지만 남 흉보기를 잘하며 목사에게 조금만 문제가 생기면 세상은 목사들을 여과 없이 비난하고 있다. 문제는 특정 한 사람이 아니다. 나 자신을 먼저 살펴야 한다. *'목사님, 그 사람 때문에 힘들어요.'* 하고 말하지만 자기 때문에 힘들어하는 목사와 교우들은 안중에도 없다. 교회는 서로 사랑해야 하고, 서로 섬겨야 하고, 인내도 해야 하지만 사람을 의지하지 말고, 환경도 바라보지 말고 오직 하나님을 바라보는 복 있는 삶이 되어야 할 것이다.

"귀인들을 의지하지 말며 도울 힘이 없는 인생도 의지하지 말지니" 시 146:3.

5.
예배 중 휴대폰 소리

한동안 설교 시 심심치 않게 전화벨 소리로 방해가 되는 경우가 있었다. 이제는 휴대폰이 모든 사람에게 필수품이 되고 말았다. 우리에게 편리함도 주지만 휴대폰은 공부의 방해꾼, 업무의 방해꾼, 예배의 방해꾼이 되기도 한다. 젊은이들 중에는 휴대폰 없이는 불안해하는 사람들도 있다. 예배 중에도 휴대폰을 만지작거리며 실시간으로 확인하는 습관을 가지고 예배에 임하는 성도들도 간혹 눈에 띈다. 눈에 보이고 손에 가까이 있어야 안전하고 편안함을 가져다주는지 식탁에서도, 화장실에서도, 잠자리에서도 휴대폰이 늘 곁에 있어야 불안하지 않다고 한다.

휴대폰 때문에 이런 오해를 받는 일이 없었으면 한다. 찬양단은 예배를 드리기 전에 찬양 연습이 있다. 그래서 일찍 예배에 참여한 성도들은 찬양 연습하는 모습도 관찰할 수 있다. 일찍 예배당 도착한 성도들은 찬송 소리와 함께 기도로 준비하고 있는 동안 앞에서 찬양을 준비하고 있는 찬양단의 모습을 바라보며 예배를 기다리기도 한다. 사실 찬양 연습 중이라 할지라도 이미 예배실은 질서 있고 엄숙할 수밖에 없는 분위기가 조성되어 있다.

어느 날 찬양단원 중 항시 휴대폰을 바라보는 단원이 있어 보기가 좋지 않아 한번은 찬양 리더에게 그 상황을 물었다. 그의 대답은 휴대폰을 보는 것이 아니라 휴대폰에서 악보를 검색하고 있다는 것이었다. 찬양 연습 중 휴대폰을 보고 있는 것을 누가 찬양을 준비하고 있다고 생각을 하겠는가? 오해가 될 수 있으니 악보를 프린트하여 준비하는 것이 더 지혜롭다고 하겠다.

설교를 하다 보면 고개를 숙이며 손톱을 뜯고 있는 성도들이 있는가 하면 딴짓 피우며 휴대폰을 만지작거리거나 예배 중 문자를 주고받는 성도들도 있다. 이런 사람들은 졸고 있는 성도보다 더 설교를 방해하고 있다는 사실을 알아야 한다. 반면에 성경책을 준비하지 못해 휴대폰에 저장된 성경과 찬송을 보는 성도들도 있다. 자신이 오해받지 않도록 휴대폰을 보지 말고 교회에 비치된 성경책을 준비하길 바란다.

설교자도 주의해야 할 사항이 있다. 나는 설교학을 가르치면서 신학생들에게 이런 주문을 하였다. 가능한 설교자들이 아이패드나 노트북을 펴고 강대상에서 설교하지 말라고 한다. 설교 준비는 노트북으로 하되 설교 시 노트북은 책상 위에 놓고 올라가야 한다. 물론 원고를 프린트하지 않으니 편리할 수 있고, 또한 사무비도 절약할 수도 있다. 상황에 따라 필요할 때가 있다. 미디어가 발달되어 편리해졌지만 잘못 사용하여 사람들의 눈살을 찌푸리게 한다면 설교자가 조금만 불편해지는 것이 낫지 않을까 싶다.

어느 목사님이 장례식장에서 노트북을 보고 설교하는 모습에 유족들이 불편하게 생각하였다. 미디어 사용에 뒤쳐졌기 때문이 아니다. 그렇다면 노트북을 올려놓고 설교하는 모습이 왜 좋지 않은지 이해할 수 있을 것이다. 설교는 강의와 다르기 때문이다.

설교자도 휴대폰 관리에 주의해야 한다. 어느 날 노회에 참석하여 개회예배를 드리고 있었다. 설교 중 와이셔츠 속에 넣어 둔 휴대폰이 갑자기 울리고 있는데 설교자는 아무렇지 않다는 듯 자연스럽게 휴대폰을 꺼내 끄고 있었다. 5분이 지난 후 다시 울리기 시작하자 이제는 당황스러운 모습으로 휴대폰을 재빠르게 끄고 있었다. 설교를 듣고 있던 많은 목사님들이 오히려 당황스러운 모습으로 바라보고 있었다. 설교자의 몸에서 한 번도 아닌 두 번이나 소리가 울리다니 얼마나 당황스럽겠는가? 그런데 웬일인가? 그것도 모자라 세 번째 벨이 울리기 시작하였다. 설교자 자신의 모습이 얼마나 부끄러운지 이제서야 얼굴이 빨개지며 상황을 종료시키기 위해 안절부절하였다. 이쯤 되면 목사의 자격도 의심해 볼 만하다.

세 번씩이나 자신의 휴대폰 소리를 듣고도 조금도 놀라거나 당황하지 않으려는 설교자의 모습이 정말 안타까웠다. 자신에게 처한 상황을 모면하기 위해 덮어 버리고 모른 척하며 아닌 척하는 것을 실수라고 말할 수 있을까?

가나안을 정복하기 위한 첫 관문은 여리고성을 무너뜨리는 것이었다. 사람의 능력으로는 도저히 불가능했던 것이 하나님의 도우심으로 큰 감격과 함께 기쁨을 누리고 있을 때 어두운 그림자가 뒤따랐다. 그것은 아간의 범죄였다. 아간은 아름다운 외투 한 벌과 은 이백 세겔과 금덩이를 노략질하고 그 물건들을 땅속에 감추고 말았다(수 7:21). 아간은 자신이 죄인으로 뽑히기까지 자신의 범죄 사실을 숨기고 있을 때 주변에서는 자복하기를 권면하였다. 어디에서든지 아간처럼 자신의 잘못을 모른 척하는 사람은 꼭 있기 마련이다.

한 사람의 불순종 때문에 공동체가 흐려지고 모든 사람들이 피해를 보며 설교의 분위기를 흐트려 버리는 행위가 얼마나 큰 불법인지를 모르고 있다. "여호수아가 이르되 네가 어찌하여 우리를 괴롭게 하였느냐 여호와께서 오늘 너를 괴롭게 하시리라 하니 온 이스라엘이 그를 돌로 치고 물건들도 돌로 치고 불사르고"(수 7:25). 이처럼 공동체를 무너트리는 죄에는 우리도 단호해야 한다.

자신의 무례한 행위는 믿음 없음을 드러낸 것이다. 주변을 살펴보라. 정말 우리를 힘들게 하는 사람이 있다. 실수가 아닌 나쁜 의도를 가지고 행동하는 모습은 '아멘'으로 가장한 폭력적인 외로운 교인에 불과하다. 결국 문제가 많은 성도, 사고뭉치인 성도는 자기 편이 없다고 자책하여 교회를 떠나고 말 것이다.

"무례하고 교만한 자를 이름하여 망령된 자라 하나니 이는 넘치는 교만으로 행함이니라" 잠 21:24.

6.
식사는 제가 준비하겠습니다

교회를 개척한 후 아내는 뛰어난 요리사로 변해 가고 있었다. 매 주일마다 중식을 만들어 가야 했고 금요일마다 간식거리를 준비하는 과정에서 요리 솜씨가 날로 늘어 가는 것 같다. 교회에서의 식탁교제는 예배 다음으로 매우 중요한 역할을 차지한다고 해도 과언이 아닐 것이다. 개척 초기 3년 동안은 주일 이른 아침이 되면 음식을 만들고 있는 아내를 돕기 위해 분주한 나머지 부엌칼에 손을 베는 일이 여러 번 있었지만 이제는 나도 능숙한 아내의 주방 보조로 쓰임 받고 있었다.

그때 아내는 음식을 잘하는 일꾼을 보내 달라고 기도하였다. 개척교회 교인들의 식사 준비는 늘 사모의 몫이라 많이 지쳤나 보다. 그런데 정말 놀랍게도 하나님은 음식을 잘하시는 성도 한 가정을 보내 주셨다. *'사모님, 앞으로 중식은 제가 책임지겠습니다.'* 라는 말에 감동을 받아 아내가 눈물을 훔치는 모습이 잊히지 않는다. 약속한 대로 매 주일마다 손수 음식을 하든지 아니면 캐더링을 주문하든지 어김없이 주일이 되면 중식을 제공하였다. 이처럼 고맙고 충성스러운 일꾼이 어디에 있겠는가?

그러나 한 해가 지날 때마다 4번이 3번으로, 3번이 2번으로 횟수가 줄어들기 시작하였다. 그러나 매달 한 번의 식사 당번도 신경이 쓰일 텐데 두 차례를 준비한다는 것도 감사하지 않을 수 없다. 그러자 얼마 후 두 차례에서 한 번으로 줄어들자 담임목사는 물론 교역자 가정들도 중식 준비에 동참하기로 하여 성도들의 부담을 덜어 주었다.

그런데 중식 당번인데 갑작스럽게 교회에 못 나간다고 전화하면 어찌되겠는가? 자신의 입으로 다음 주일 중식을 준비하겠다 해 놓고 말도 없이 교회에 나오지 않는 경우가 많았다. 때로는 책임을 감당하겠다는 의도로 예배는 드리지 않고 음식만 놓고 되돌아가기도 했다.

나쁜 습관은 여기에서 그치지 않았다. 언제부터인지 식사 당번을 하지 않는 주일에는 어김없이 교회에 나오지 않았다. 식욕이 좋으면서도 다른 성도가 음식을 준비해 오면 한동안 먹지도 않았다. 음식을 대할 때는 준비해 온 성도 앞에서 음식이 너무 짜다, 맵다고 투덜거리는 소리가 멀리까지 들려온다. 도저히 이래서는 안 되겠다 싶어서 주보에 '**식탁교제 시 투정 부리지 말고 감사하게 드십시다.**'라고 광고하니 한 주가 지나자 목사가 그런 광고까지 하냐고 불평하는 소리가 들려왔다. 신앙인들은 특히 입을 조심해야 한다. 좋은 소리는 느리게 가지만 나쁜 소리는 빨리 달린다. 신기하게도 나쁜 소리의 진원지를 목사가 금방 알아차린다.

말하지 않아서 그렇지 식사문제 때문에 힘들어하는 교회들이 적지 않을 것이다. 마태복음 6장 3절에서는 "너는 구제할 때에 오른손이 하는 것을 왼손이 모르게 하라"고 했다.

아무리 좋은 일을 해도 생색내는 것처럼 꼴불견이 없고 도리어 반감을 사게 된다. 교회 안에서 주방봉사의 파워는 막강하다고 한다. 그래서 주방장 행세를 하는 여선교회 회장이나 권사는 권력행사를 하고 싶어 한다. 그만큼 중식을 준비하는 일은 중요한 사역 중의 하나며 여간 쉬운 일이 아니기 때문이다.

그러나 하나님의 관심사는 먹는 문제가 아니다. 물론 물질로 봉사에 참여하고 구제하는 것은 나쁜 일이 아니다. 누구나 할 수 있다면 나누고 섬겨야 한다. 하지만 그렇게 하는 것이 사람들에게 상을 받고 칭찬받는 것이라 생각한다면 하지 않음만 못하다. 주님 안에서 이루어지는 봉사의 목적과 의도는 분명하고 정확해야 한다. 사람에게 보이려고 길가로 나가 서서 기도했던 바리새인을 책망하지 않았던가? 사람에게 보이려고 하니 지치고 오래가지 못해 포기하는 것이다. 나를 알아주지 않아 원망하고 칭찬해 주지 않는다고 섭섭하여 시험에 드는 사람도 있다.

목회를 하다 보면 다양한 일들을 다 겪게 된다. 우리 교회는 송구영신예배를 이른 밤 시간에 드려야 했다. 한 해 동안을 되돌아보는 마음으로 하나님께 예배 드리기를 권면하고 예배를 마치면 식탁교제를 다같이 하자고 하였다. 그러자 중직자 한 분이 겸손한 표정을 지으면서 말했다. **'목사님, 우리 식구들은 연말이라 바빠서 예배 참석은 못 하지만 예배 후 식사는 제가 사겠습니다.'** 그 사람은 오직 먹는 것이 우선이고 예배는 뒷전이다. 사람들의 눈에는 잘 보이려고 하는데 하나님의 시선에는 아랑곳하지 않는다.

연말이라 바쁜 사람이 예배는 드리지 못하는데 식사할 수 있는 시간은 있는가 보다. 수년 동안을 지켜보았는데 그의 속마음을 모르겠는가? 교회에 등록한 이래 한 번도 송구영신예배에 참여한 적이 없었던 가정인지라 **'식사는 괜찮으니 예배는 참여하십시오.'** 라고 권면했지만 그런 소리가 들리겠는가? 예측한 대로 예배에 참석하지 않았다.

예배를 마친 후 약속한 시간에 맞추어 성도들과 함께 식당에 도착하였는데 바쁘다고 하신 성도의 가족들이 먼저 기다리고 있었다. 나는 여기에서 놀라지 않을 수 없었다. 말하지 않아도 사우나를 다녀왔다는 것을 단번에 알 수 있었다. 아직도 열 기운이 얼굴에 맴돌아 빨갛게 달아오른 모습이었다. 참으로 기가 막힐 일이 아닐 수 없다. 예배할 수 있는 시간은 없지만 사우나에 갈 시간은 있었나 보다. 한 해를 예배보다 사우나로 마감하고 싶은 중직자의 부끄러움을 자신들이 알기나 하겠나? 대접을 하면서 욕먹는 사람이 있고 대접을 받으면서 칭찬받는 사람이 있다. 무언가 대접하고 선물 공세를 하면 문제가 해결되는 줄 안다. 하나님이 원하신 겸손한 성도의 자세는 무엇일까?

"너는 말씀을 가지고 여호와께로 돌아와서 아뢰기를 모든 불의를 제거하시고 선한 바를 받으소서 우리가 수송아지를 대신하여 입술의 열매를 주께 드리리이다"(호 14:2). 수송아지를 드렸다고 회개한 것이 아니다. 헌금을 많이 했다고 죄가 씻어지는 것도 아니다. 기름진 황소나 살찌고 기름진 동물을 성막이나 성전에 바치는 것을 풍성한 제사라고 여긴다. 귀한 제물을 바치고 많은 예물과 접대도 잘하였으니 칭찬을 받아야 마땅하다. 그런데 실제는 하나님께 꾸지람을 들었다. 살이 찌고 기름진 제물을 드리면서도 마음은 다른 곳에 있어 회개하지 않았으며, 많은 제물을 바쳤으니 용서함을 받았다고 안심하고 있다는 것을 지적하셨다.

하나님은 풍성한 제사나 헌금을 좋아하시는 분이 아니다. 하나님과의 좋은 관계는 헌금이 아니라 진정한 회개로 이루어진다. 식사를 대접한다고 사람과의 관계가 개선되는 것이 아니다. 따뜻한 밥 한 그릇보다 따뜻한 말 한 마디에 마음이 녹아내린다. 하나님은 순수한 사람을 좋아하신다. 무엇보다 영혼의 순수함을 가지고 우선순위가 분명해야 한다. 사람들 앞에 칭찬받기보다는 먼저 하나님을 의식하며 여호와께 돌아와 자신의 입술로 찬양하는 삶이 되어야 할 것이다.

"사람이 떡으로만 살 것이 아니요 하나님의 입으로부터 나오는 모든 말씀으로 살 것이라 하였느니라 하시니" 마 4:4.

7.
조금만 기다려 주세요

    교회를 대상으로 목양하는 목회자는 만능이 되어야 한다고 목회자 스스로도 그렇게 생각하고 성도들 또한 목사를 만능선수로 여긴다. 이것은 목회자에 대한 잘못된 견해다. 목회자는 성도들의 개인 문제를 풀어 주는 심리치료사도 아니고 회사를 이끌어 가는 최고 경영자도 아니다.

    사실 많은 목회자들이 너무 많은 일을 하고 있다. 설교는 피할 수 없는 당연한 과제이지만 찬양, 지휘, 행정, 상담, 더 나아가 개척교회라면 청소는 물론 뒷정리는 목회자의 몫이다. 너무 많은 일을 하고 있기에 결과적으로 잘하고 있는 일이 없다고 느껴지기도 한다. 오늘날 개척교회는 영원한 개척교회에서 벗어나지 못하고 있는 실정이다. 그래서 사명감 없이는 도저히 머물 수 없는 곳이 바로 작은 교회다.

    해외에서 사역하는 이민교회 목회자들은 더욱 힘들어한다. 모든 걸 다 주고 나니 성도가 떠난다는 말이 있다. 함께 신앙생활을 하고 있는 분들이 아무 소리 없이 교회를 떠나 버린다. 집안의 갈등이 해결되고 이민 생활이 익숙해지면서 먹고살 만하면 떠난다. 그것도 남아 있는 성도마저 데리고 떠난다. 떠나는 이유는 있겠지만 아주 사소한 일로 그동안 쌓아 온 정도, 사랑도 무시한 채 다시는 만나지 않을 것처럼 냉정하게 떠나 버린다.

교회를 떠나겠다는 성도를 붙잡고 권면하는 일이 한두 번이었겠는가? 교인에게 상처를 주었음에도 불구하고 오히려 상처받았다며 떠나는 분들을 볼 때 망연자실해진다. *'이것이 과연 목회인가?'* 하고 절망과 좌절과 허탈함이 교차할 때 인내하지 않고서는 목회자의 길을 걸을 수가 없다.

필자는 2006년 6월, 미국 캘리포니아로 이민을 와서 한인 이민교회를 섬길 때 한국의 상황과는 조금 다른 점이 있었다. 교역자들이 하는 일은 새벽예배뿐만 아니라 공예배 시 차량이 없는 성도들을 픽업하는 일이었다. 목사는 설교와 목양에 집중해야 하는데 픽업까지 전담해야 하니 불편하였고 불평하기도 했다. 이때 먼저 오신 교역자들의 말에 의하면 이민교회는 교역자들이 픽업을 해야 하니 군소리하지 말고 성도들을 안전하게 모셔야 한다고 귀띔해 주어 실제 상황임을 깨닫고 새벽예배 시에도 운전을 하였다.

자동차가 없으면 한 발짝도 움직이지 못하는 불편한 대중교통 때문에 이동하기가 어려운 사회적 상황에서 성도들의 픽업은 기쁨으로 할 수 있다고 생각한다. 이민사회에서 특히 노인들에게 절대적으로 필요한 것이 바로 교통이기에 교역자나 성도들이 할 수만 있다면 적극적으로 픽업에 동참하는 것에 동의한다.

그래서 나는 교회 개척 준비를 위해 여러 명을 태울 수 있는 벤을 구입하였다. 정말 교회를 개척해 보니 픽업 문제가 현실로 다가왔다. 어느 날 결혼식 축가를 교회 청년들이 불러야 했다. 마침 청년들을 픽업해야 했는데 가는 날이 장날이라고 결혼식 시간은 다가오는데 교통 체증이 매우 심하여 마음이 그토록 초조하고 불안한 상태로 운전을 해야만 했던 이유는 마침 결혼식 주례를 서기로 했기 때문이었다. 만약 주례자가 늦게 도착한다면 무슨 낭패일까 하는 생각에 픽업의 어려움을 깊이 깨닫게 하는 순간이었다.

나는 사례비도 적게 드리는 부교역자에게 픽업까지 부탁할 수 없어 크고 작은 모든 교회 업무는 담임목사 한 사람이 감당할 수밖에 없었다. 픽업은 노인들에게만 필요한 것이 아니었다. 교회 개척 당시 고등학교 학생들이 몇 명 있었다. 이들이 운전면허증을 취득하고 자동차를 구입하기 전까지 교회를 왕래하는 교통을 책임져야 했다. 하지만 예배시간을 앞두고 지각할까 염려되어 늘 불안한 마음으로 핸들을 잡을 때마다 *'이것이 교회 개척이고 이민목회구나.'*라는 것을 더욱 실감케 하는 시간이기도 하였다.

미국 땅이 얼마나 넓은가? 한 사람 픽업을 하기 위해 한두 시간을 소비하기도 한다. 픽업할 때에 마음의 상처도 받을 때가 있다. 사람이 먼저 나와 기다려 주는 것이 도리이자 예의이며 운전자를 배려하는 마음으로 운전자를 도로에서 기다리게 해서는 안 된다. 매주 두어 차례 픽업을 할 때마다 미국 2세 한인 학생들은 인사도 결례할 때가 많았다. 담임목사인 나에게 *'Mr. Park'*이라고 불러 처음에는 당황스럽기도 하였다.

졸업예배를 드리는 6월 어느 주일 아침이었다. 평소 하던 대로 픽업을 하기 위해 집 앞에 도착하였지만 자매는 나와 있지 않았다. 5분이 지난 후 차에 타고 있던 학생을 보내 빨리 나오라고 전했지만 조금만 기다려 달라고 했단다. 하지만 곧장 나올 줄 알았지만 그 후 40분의 시간이 경과되어서야 빠른 걸음으로 달려와 차량에 탑승하였다. 정말 마음속에 화가 밀려왔다.

이보다 더 큰 문제는 예배시간에 도착하느냐가 문제였다. 설교를 앞두고 속이 타오르지만 차분한 목소리로 왜 늦었냐고 물었을 때 그의 대답이었다. *'오늘 졸업예배를 드리니 머리를 손질하느라 늦었습니다.'* 이런 황당한 대답이 차 안에 탑승한 모든 사람을 더욱 힘들게 하였다.

교회 사역 중 픽업은 절대 소홀히 할 수 없는 부분이다. 중·대형교회들은 벤이나 버스를 대절하여 성도들을 편안하게 교회까지 모시고 있다. 오로지 설교자는 예배 준비에 만전을 기할 수 있다. 그러나 작은 교회 목회자들에게는 그것이 희망사항에 불과하다. 픽업하기를 귀찮게 여기고 궂은 일을 피하면서 교회를 개척하거나 작은 교회를 섬기고자 하는 목회자는 없을 것이다.

작은 교회에서는 성도들이 얼마 되지 않으니 한 영혼이 천하보다 귀하게 여겨질 수밖에 없는 게 현실이다. 그래서 목사는 성도가 부탁하는 일은 뭐든지 달려가 해결해 주는 해결사 노릇을 하고 있다. 때로는 상담도 하지만 정확히 말하자면 그 시간은 상담보다는 교인의 넋두리를 들어주는 역할, LAX공항 픽업은 물론 자질구레한 일을 도맡아 해결해 줘야 하는 팔방미인이 바로 작은 교회 목회자들이라 생각한다.

목회자에게 작은 바람이 있다. *'조금만 기다려 주세요'*보다는 *'제가 먼저 기다리고 있겠습니다.'*라는 말 한 마디에 힘을 얻게 된다. 약속 시간을 안 지키고 늦는 것도 습관이다. 누구나 습관처럼 늦는 사람들을 좋아하지 않는다. 행여나 누군가를 기다리다 지쳐 범죄한 사울로 전락할까 염려되기도 하다.

성경은 시간을 잘 지키는 것과 관련된 구절들이 많이 나온다. 특히 전도서에 보면 시간과 때를 잘 지켜야 최상의 것을 얻을 수 있다고 말씀한다(3:1-8). 시간을 잘 지키는 사람은 자기 생활을 능동적으로 주도해 나가는 사람으로 여겨진다. 반면에 시간을 잘 지키지 못하는 사람은 상황에 끌려다니며 해야 할 일을 하지 못하는 게으른 사람으로 비춰질 수 있다. 잘 지켜지는 약속은 나를 기쁘게 하는 동시에 남을 존중할 줄 아는 최고의 미덕이 아닐까?

"각각 자기 일을 돌볼뿐더러 또한 각각 다른 사람들의 일을 돌보아 나의
기쁨을 충만하게 하라" 빌 2:4.

8.
성경공부하고 있어요

    종교를 갖게 된 이유를 보면 사람들마다 특별한 이유가 있는 것이 분명하지만 자기 힘으로 통제하기 어려우니 절대자에게 의존을 선택한 경우가 대부분이다. 기독교인이 된 이유도 여기에 포함될 것이다. 하나님을 믿는 이유는 단지 현재의 어려움을 극복하고 위기를 해결하기 위한 심리적 상태를 안정시키기 위함이 아니라 예수 그리스도를 믿어 구원에 이르기 위함이다.

    신앙인은 자신의 영적 상태를 항시 점검해 볼 수 있어야 한다. 예수님을 믿고 구원을 받는 것이 쉬운 일이겠는가? 교회에 나간다고 안전할 수 있겠는가? 주님을 바라보며 "주여 주여 하는 자마다 다 천국에 들어갈 것이 아니요 다만 하늘에 계신 내 아버지의 뜻대로 행하는 자라야 들어가리라"(마 7:21)고 했다. 사람들이 추구하는 최고의 지식은 하나님의 뜻을 알고 하나님 뜻대로 행하는 것이다.

    왜 멀쩡한 사람들이 이단에 빠져 헤어나오지 못하는가? 분별의 능력이 없어 하나님의 뜻을 알지 못하는 데에 있다. 이단이라고 해서 말을 비상식적으로 하는 것이 아니다. 그들은 더 진짜처럼 가장하여 다가오니 사람들이 속고 있는 것이다. "그런 사람들은 거짓 사도요 속이는 일꾼이니 자기를 그리스도의 사도로 가장하는 자들이니라 이것은 이상한 일이 아니니라 사탄도 자기를 광명의 천사로 가장하나니"(고후 11:13-14). 분별의 영이 부족한 사람들은 이단 사상에 빠졌다고 전혀 느끼지 못하고 있다.

성실하고 참한 유학생인 자매가 교회에 등록하여 1년 동안은 또래들과 함께 신앙생활을 잘해 나갔다. 아무래도 유학생이 교회에 나가는 이유는 또래 친구들을 만나고 한국 음식이 그리워 교회에 나간다는 우스갯소리도 있지만 신앙을 지키는 믿음의 청년들을 섬기고 있는 이민교회가 많다는 것에 감사하다.

언제부터인가 유학생인 자매는 교회 출석에 소홀해져 함께 신앙생활을 해 오던 동료들에게 소식을 물었지만 알고 있는 내용이 없었고, 전화를 해 보았지만 받지도 않고 무응답이었다. 그러던 중 자매의 자취방에서 어느 젊은 목사와 함께 성경공부를 하고 있다는 정보를 받았다. 문득 큰일이 났다는 예감이 들었다. 이미 한국에 있는 동안 다락방에서 종교 활동을 했었다는 것을 알고 주의 깊게 관찰하였지만 결국은 또다시 다락방 성경 공부를 한다는 소식을 듣고 실망을 금치 못하였다. 더군다나 젊은 자매가 젊은 남자 목사와 단둘이 자취방에서 모임을 갖고 있다는 것은 충격이었다.

젊은 여대생이 젊은 목사와 일대일 성경공부를 하고 있다는 것을 어떻게 긍정적인 사고로 받아들일 수 있겠는가? 성경공부는 아무 데서 하는 것이 아니다. 이처럼 신뢰성이 없는 모임에 주의해야 한다. 말씀을 아무나 인도해서는 안 되고 아무 데서나 이루어지는 소그룹을 매우 조심해야 한다. 이것은 건전한 교단의 목사나 교역자들에게는 상상도 할 수 없는 일이다. 담임목사의 동의 없이는 교역자뿐만 아니라 누구를 막론하

고 외부의 집회나 성경공부를 인도할 수 없다는 것이 일반적인 상식이
자 교회의 법이다.

이단에서 헤어 나오지 못하는 사람들에게 상식과 법이 통하겠는가?
이단에서 빠져나오게 하는 것은 마치 불에서 사람을 끌어내는 것처럼
어렵다. 얼마나 어려운지 디도서 3장 10절에서는 "이단에 속한 사람을
한두 번 훈계한 후에 멀리하라"고 하였다. 그러나 우리는 할 수 있는 한
최선을 다해서 이단에 빠진 사람을 구출해 내야 한다. 참으로 안타까운
것은 **'나는 지금 성경공부에 빠져 열심히 하고 있으니 귀찮게 하지 말라'**
는 대답이 돌아왔다는 것이다.

한동안 신앙생활을 통해 함께 웃고 함께 울었던 미국 이민교회에서 외
롭게 공부하고 있는 유학생이라며 음식이라도 챙겨 주고자 애쓰시는 권
사님들, 여행을 가면 경비까지 주시는 교우들이 가족처럼 특별한 사랑
과 관심을 가져 주었다. 그러나 안타깝게도 아무 말 없이 교회를 떠나고
말았다. 이민교회에서는 쉽게 교회를 떠나는 일을 아무렇지 않게 생각
하는 듯하다. 조금도 미안함과 아쉬움도 없이 오히려 정이 뚝뚝 떨어질
정도로 냉정하게 떠나 버린다.

건강한 신앙인은 시험에 들어도 절대 이단에는 빠지지 않는다. 떠나
는 자리가 항상 아름답고 마무리를 잘하고 떠난다. 우리의 믿음이 퇴보
하거나 정체되지 않도록 언제나 믿음의 목표인 예수 그리스도를 향하여
성장하기를 원하고 어디에서든 성숙한 신앙인으로 거듭나기를 바란다.

"사랑하는 자들아 영을 다 믿지 말고 오직 영들이 하나님께 속하였나 분
별하라 많은 거짓 선지자가 세상에 나왔음이라" 요일 4:1.

9.
알고 보니 패밀리교회네?

나는 교회를 개척하기 전부터 교회 성장을 교인의 수로 정의하지 않았다는 것을 다행스럽게 생각한다. 동료 목사인 한 분은 LA에서 개척한 지 1년이 지나도 10여 명의 교인뿐이라며 더 이상 못 하겠다고 개척한 교회의 문을 닫고 한국으로 귀국하였다. 교회 성장을 교인의 수로 정의한 잘못된 결론에서 나온 결과이다.

교회 개척은 수적으로 **'성공한 교회'**라는 허상을 위해 달려가는 것이 아니다. 교인의 수로 목회의 성공을 판가름하는 것을 의식하지 말아야 한다. 물론 하나님께서는 교회를 개척한 우리가 수적으로나 영적으로 성공하기를 원하신다. 그러나 그 성공은 하나님의 사역이 성공한다는 것이지 우리의 사역이 성공한다는 것이 아니다.

그래서 교회 개척은 아무나 해서는 안 된다. 성령의 이끄심과 기도 없이는 더 이상 인내할 수 없는 상황이 반복되어 목회자의 마음과 목회자의 가정을 더욱 힘들게 한다. 특히 개척교회나 작은 교회는 가족들의 도움이 절실히 필요하다. 나 역시 아내는 피아노 반주로, 딸은 키보드로, 아들은 찬양 인도자로 세움 받지 않았다면 교회를 개척할 수 없었다.

나는 교회를 개척하고 1년이 지났는데도 성도의 수는 증가하지 않았다. 물론 타국에서나 열악한 선교지에서 개척교회나 작은 교회를 섬겨 보신 분들은 알겠지만 방문자나 새가족이 등록하는 일은 잔치라도 해야 할 만큼 기쁜 일이 아닐 수 없다.

드디어 교회 개척 2년 차에 두 가정이 등록하였다. 작은 교회에, 특히 개척교회에서 신앙생활을 하겠다고 등록을 자처한 특별한 교인이라 얼마나 기쁘겠는가? 대단한 결단과 용기라고 생각한다. 교우들도 많지 않고 둘러보아도 또래들도 찾아볼 수 없는 10여 명이 모인 개척교회에 등록하여 신앙생활을 해 보겠다는 등록 교인들의 모습을 보고 정말 감탄하지 않을 수가 없었다.

하지만 기쁨은 오래 지속되지 않았다. 사람은 처음과 같이 변함이 없어야 한다는 것을 실천하기가 어려운 것 같다. 어느 순간 교회가 패밀리교회라서 오지 말았어야 했다고 한다. 교회가 패밀리교회라 불편하다는 것이 목사의 귀에 전달된 것이다. 작은 교회의 특징은 모든 말들이 목회자의 귀에 전달되고 있다는 것을 잊었나 보다.

과연 패밀리교회란 어떤 교회라고 생각하는가? 교회를 개척하고 1년이 지난 그 당시 성도들의 구성원이다. 사위인 목사가 교회를 개척한다고 하니 처 부모님이 합류하였고, 아내가 피아노를, 고등학생인 딸이 키보드를 반주하였고, 중학생인 아들은 자신의 의지와 상관없이 부모를 따라 가족들과 신앙생활을 잘하고 있었다. 20명이 안 되는 교인 중에 절반이 가족이라 생각하니 패밀리교회라고 부를 수도 있지 않았을까 하는 생각도 가져 보았다.

사위인 목사가 설교하고 대표기도는 장로인 장인이, 반주는 아내와 딸이 맡아 하니 목회자 가족들이 전부라고 오해할 수도 있겠다. 그러나 작은 교회이지만 찬양을 인도하는 전도사 가족도 있었고 다른 제직들과 학생들도 있었다. 이것이 패밀리교회인가? 고작 패밀리는 목사 가정과 처 부모님밖에 없었다. 이 사실을 알았음에도 등록한 사람이 패밀리교회라고 뒤에서 불평하고 이런 교회 안 나가겠다는 것이다.

어떻게든 트집을 잡아 교회를 혼잡하게 하고 불평만 하는 이런 성도는 되지 말아야 한다. 개척교회, 작은 교회가 좋아서 등록한 교인이 얼마 후에 패밀리교회라고 불평하고 다닌다는 것은 여태껏 그들의 나쁜 신앙의 습관을 버리지 못한 데에 있었다. 자기보다 나은 성도들을 보면 부러워하고 견디지 못하는 시기와 질투심을 버려야 한다. 심지어 목사 가족에 대한 시기와 질투 때문에 목사와 사모를 고의적으로 근심에 빠트리기도 했다. "그들로 하여금 즐거움으로 이것을 하게 하고 근심으로 하게 하지 말라 그렇지 않으면 너희에게 유익이 없느니라"(히 13:17)고 했다. 목회자들이 기쁨으로 하고 근심하지 않게 도우면 결국은 성도들에게 유익이 있겠지만 만약 그렇게 하지 않으면 성도들은 아무런 유익을 얻지 못한다는 말씀이다.

목회자는 누구보다도 교회를 위해서 수고하는 하나님의 종이다. 그럼에도 불구하고 마귀의 미혹을 받은 교인 중에는 목사와 사모에 대한 험담을 하고 다닌다. 더 나아가 사실이 아닌 것을 거짓으로 둔갑하여 교회를 혼란스럽게 한다. 신앙생활을 온전히 하기 위해서는 목회자와 관계가 나빠져서는 안 된다. 목회자와 불편한 관계가 되면 어찌 신앙생활을 잘할 수 있겠는가? 결국 불평만 하는 이런 교우는 교회를 떠나게 된다.

나는 **'작은 교회라서 어쩔 수 없구나'** 하는 비판의 소리를 듣고 싶지 않아 예배에서만큼은 질서 있고 품위 있게 엄숙한 예배를 지향하고 있을 때 부정의 사람들은 여기에 시기하고 방해하기 위해 수단과 방법을 동원하여 나쁜 가라지를 뿌리게 된다는 것을 알았다. 이때 종들이 주인에게 **'가라지를 뽑을까요?'** 하고 묻자 주인은 "가만 두라 가라지를 뽑다가 곡식까지 뽑을까 염려되니 둘 다 추수 때까지 자라게 하라"고 하셨다(마 13:27-30). 하나님의 종인 목사가 가라지를 직접 뽑지 않아도 때가 되니 가라지들은 스스로 뽑혀져 교회를 떠나더라.

> "비판을 받지 아니하려거든 비판하지 말라 너희가 비판하는 그 비판으로 너희가 비판을 받을 것이요 너희가 헤아리는 그 헤아림으로 너희가 헤아림을 받을 것이니라 어찌하여 형제의 눈 속에 있는 티는 보고 네 눈 속에 있는 들보는 깨닫지 못하느냐" 마 7:1-3.

10.
얼굴이 왜 안 좋아요?

사람과의 관계에 있어서 인사는 매우 중요하다. 인사를 결례하거나 잘못하여 오해를 받고 눈살을 찌푸리게 하는 경우에 이르기까지 한다. 인사는 가까운 친구 사이는 물론 한 지붕 밑에 사는 가족 간에도 결례할 수 없는 가장 친근한 표현이기에 인사를 주고받는 것은 인간관계의 기본이자 출발이다.

간혹 이와 같은 교우들도 만나 보았을 것이다. 주일 아침 예배를 드리기 위해 교회 주차장에 도착하자 김 권사를 만나 인사를 하였더니 못본 척하고 지나가 버린 것이 아닌가? 한두 번은 그럴 수 있겠다 하고 이해하였지만 아무 이유 없이 매번 인사를 받지도 않고 예배실을 향해 가고 있었다. 알고 보니 여러 교우들에게도 인사를 하지도 않고 받지도 않는 특유한 교인이었다. 기분 좋으면 인사하고 기분 틀어지면 얼굴이 빨개지며 본체만체 지나쳐 버린다. 그런 마음으로 어떻게 예배드릴 수 있을까? 기분 좋은 인사와 얼굴 표정은 그 사람의 첫 인상과 인격을 나타낸다.

인사에 대한 오해가 있다. 인사는 아랫사람이 먼저 윗사람에게 하는 것으로 착각하고 있다. 아랫사람이 먼저 인사하지 않으면 어른들은 인사하지 않은 것으로 본다. 장인어른을 픽업하는 일이 있어 집 앞에서 시동을 켜 놓은 상태로 대기 중에 있었다. 얼마 후 장인어른이 자동차에 오르자 택시 기사님처럼 *'어서 오세요.'* 하고 인사를 드렸다. 며칠이 지난 후 장인어른은 그때 왜 인사를 하지 않았냐고 물어 황당하였다. 옆에서 듣고 있던 아내가 ***'분명히 인사를 드렸는데 듣지 못하셨나 보네요.'*** 하고 응수하자 싸늘한 분위기를 넘길 수 있었다.

어른들은 먼저 인사받기를 원하고 좋아하면서 인사에 대한 순서가 있다고 생각한다. "시장에서 문안 받는 것과 사람에게 랍비라 칭함을 받는 것을 좋아하느니라"(마 23:7). 이 말씀은 인사에 대한 예수님의 경고다. 인사는 윗사람이 먼저 받는 것이 아니라 누구든지 먼저 본 사람이 하는 것이다.

물론 악수에는 순서가 있지만 인사는 순서가 없다. 윗사람이 아랫사람에게, 상사가 부하에게, 여성이 남성에게 먼저 청하는 것이 악수이다. 2017년 3월 공동 기자회견에 앞서 미국 트럼프 대통령이 일본 아베 총리의 손을 끌어당겨 세차게 흔들며 19초 동안이나 놓아주지 않자 놀라면서도 씁쓸한 아베 총리의 표정은 두고두고 화제가 되었다. 이처럼 잘못된 악수와 지나친 표현의 인사는 오히려 상대를 몹시 불편하게 만든다.

인사는 순서가 아니라 방법이다. 어떻게 인사를 주고받느냐에 따라 분위기가 달라질 수 있다. 이런 방법의 인사는 하지 않았으면 좋겠다. ***'안녕하세요.'*** 하고 뒤에 따라붙는 말이 있다. ***'옛날과 같지 않고 얼굴이 안 좋아 보여요.', '어디 아프세요?', '얼굴이 부었네요.', '살이 많이 빠졌네요.', '피곤해 보입니다.', '얼굴이 왜 안 좋아요?', '머리를 잘못 잘랐네요!'***

이런 인사말들이다.

아무리 가깝고 반가운 사이라 할지라도 얼굴 표정과 신체적인 부분을 가지고 인사하는 것은 조심해야 한다. 그것은 관심을 주거나 사랑의 표현이 아니다. 평상시와 같은 몸을 유지하고 있는데 살이 빠졌다고 인사하면 여성들은 좋아할지 모르겠지만 좋은 인사법은 아니다. 상대방은 정상적인 컨디션을 유지하고 있는데 피곤해 보인다고 말을 건네면 어찌 되겠는가?

유난히 무더웠던 주일 아침에 평상시 즐겨 입지 않던 아주 밝은 아이보리 칼라의 양복을 차려 입고 교회에 나섰다. 설교를 마치고 식탁교제를 나누는 시간에 여러 성도들의 반응은 놀란 표정으로 **'목사님, 살이 너무 빠졌어요. 무슨 일 있으세요?'**였다. 중성지방 치수가 높아 탄수화물을 줄이는 등 가벼운 몸을 유지하기 위해 아침 운동과 함께 식사량을 줄여 살이 좀 빠져 보였나 보다. 아니면 까만 얼굴에 어울리지 않게 밝은 양복을 입은 목사의 얼굴이 낯설게 보였나 보다. 관심을 가지고 인사를 건네는 말이기도 하지만 지극히 정상적인 체력과 컨디션을 유지하고 있는데 무슨 일이 있느냐고 묻는 인사가 너무나 당황스러웠다. 특별한 경우가 아니라면 신체적인 질문은 피하는 것이 좋다.

어느 날 LA 한인 타운에서 목회하고 계시는 연로하신 사모님을 만나기 위해 교회를 방문하였다. 함께 동행한 여집사는 사모님을 보는 순간의 인사말은 아직도 귀에서 잊어지지 않는다. 반갑고 친절한 표정으로 **'사모님, 어디 아프세요? 얼굴이 쪽 빠졌어요.'** 하고 두세 번이나 반복하며 어디가 아프냐고 자꾸 묻고 있는 것이다. 인사를 나누고 있는 사모님도 당황스러운 표정이었고, 옆에 서 있던 나는 너무 민망한 나머지 **'사모**

님은 얼굴 좋으신데 왜 그렇게 말씀하세요?' 하고 어색한 인사를 속히 매듭짓게 하였다. 방문을 마친 후 돌아가는 길에 함께 동행한 여집사에게 그런 인사말은 안 했으면 좋겠다고 말하자 관심을 가지고 물어보는 것이라며 괜찮다는 것이다.

대학생인 청년이 머리를 빡빡 밀고 교회에 나왔다. 대부분의 사람들은 *'와~ 멋진데요?'* 하고 격려해 주었지만 말 많은 여집사 혼자만 머리가 짧으니 얼굴이 안 좋아 보인다며 말을 건넨다. 사정이 있어 머리를 짧게 자를 수 있지 않겠는가? 때로는 일에 지쳐 피곤해 보일 수 있고, 살도 빠질 수 있겠고, 얼굴이 초췌하여 화장이 뜰 때도 있지 않겠는가? 만나는 사람들마다 신체를 가지고 트집을 잡는 듯한 인사 방법은 관심이 아니라 오히려 상처를 주고 있다는 것을 알아야 한다.

'행복해 보입니다. 평안해 보입니다. 머리를 잘라서인지 깔끔해 보이네요.' 이왕이면 이런 인사말이 듣기에도 좋지 않을까? 야곱은 20년 만에 고향으로 돌아가 에서를 만날 때 내가 형님의 얼굴을 뵈온즉 하나님의 얼굴을 본 것 같다고 하였고(창 33:10), 가브리엘 천사는 예수님의 탄생을 예고하며 마리아에게 이렇게 인사하였다. "은혜를 받은 자여 평안할지어다 주께서 너와 함께 하시도다 하니 마리아는 깜짝 놀라 이런 인사가 어찌함인가"(눅 1:28-29) 하고 물었다. 우리에게도 서로에게 감동을 주고 축복해 주는 인사가 필요하다.

어느 교회의 표어에서 *'인사만 잘해도 먹고는 산다.'* 라고 하였다. 성도들 간의 인사가 절실히 필요했던 모양이다. 나 역시 인사를 잘하자는 주제로 설교를 많이 했던 것으로 기억한다. 서로를 존중하고 사랑을 나누는 공동체 안에서 인사를 못하여 오해와 불신과 미워하는 마음이 없도록 하기 위함이었다. 우리에게는 신앙도 필요하고, 말씀도, 믿음도 있어야겠지만 그것처럼 중요한 것은 삶의 태도다. 삶의 태도를 가장 잘 드러내는 것이 있다면 어떻게 말하는지에 대한 태도에 있다.

"사람은 그 입의 대답으로 말미암아 기쁨을 얻나니 때에 맞는 말이 얼마나 아름다운고" 잠 15:23.

제3장

교회,
더 이상 안 나갑니다

목양을 맡은 목회자에게 가장 두려운 것이 있다면 잘 나오던 성도가 갑자기 교회에 출석하지 않을 때다. 특히 성도들의 수가 적은 교회일수록 목회자의 애간장을 녹이는 것은 *'교회, 더 이상 안 나갑니다.'*라는 말을 들을 때다.

　개인의 사정으로 교회는 얼마든지 옮겨 갈 수 있고 나오지 못하는 경우도 있다. 그러나 떠날 때에는 뒷모습이 아름다워야 한다. 참으로 아쉬운 것은 많은 사람들이 적을 만들고 떠나 버리는 모습에 그동안 함께 쌓아 왔던 좋은 모습이 한순간에 무너져 내린다는 것이다.

1.
교회 나갈 일 없습니다

12년 차 담임목회를 하는 동안 보람된 일들도 많았지만 반면에 씻을 수 없는 부끄러운 일들도 적지 않았다. 개척 초기에 성도들이 많지 않은 상황에서 금요예배나 주일예배에 빠짐없이 참석하여 찬양팀을 이끌었던 청년들이 있다. 금요일과 주일이 되면 고속도로를 4-50분 운전하고 교회에 나온다는 것이 쉬운 일일까? 하루 종일 직장에 있거나, 온종일 학교에서 공부하며 아르바이트에 지친 몸을 이끌고 예배에 참여하는 청년들이 있어 목회를 하는 데 큰 도움이 되고 있다.

더군다나 금요예배를 마치면 늦은 밤 시간까지 한글공부에 임하고, 주일예배를 마치면 소그룹으로 모이는 등 찬양연습에 몰두하며 다음 예배를 준비하였다. 뿐만 아니라 청년의 시기에 책 값도 부족할 텐데 십일조를 드리는 것은 교회에 대한 애착과 사랑과 믿음이 아니고서는 할 수 없는 일이다. 이처럼 흔들림 없이 꾸준하게 섬기는 청년들의 모습이 얼마나 아름다운지 책임감과 충성심이 부족한 제직들에게 본이 되기도 한다.

반면에 이렇게 열심을 다하는 청년들이 있는가 하면 교회에 덕이 되지 못하는 일부 제직들이 있다는 것에 대해 제직 대표인 목사로서 참으로 부끄러운 심정이다. 마침 코로나19 시대를 보내면서 알곡 성도와 가라지 성도의 구분이 확실히 가려지는 계기가 되었다.

예수님이 말씀하시기를 "너희는 세상의 소금이니 소금이 만일 그 맛을 잃으면 무엇으로 짜게 하리요 후에는 아무 쓸데없어 다만 밖에 버려져 사람에게 밟힐 뿐이니라"(마 5:13)고 했다. 맛을 잃으면 밖에 버려지고 사람에게 밟힌다는 의미가 무엇일까? 겉모양은 신자인데 세상에 나아가 아무런 영향을 끼칠 수 없는 가짜 신자를 말한다. 소금의 역할이 음식 맛을 내는 것이라면 성도의 역할은 거룩함이다. 거룩함은 경건의 모양이 아니라 말씀에 따라 살려고 하는 믿음이다.

경건의 모양이 좋았던 최 권사는 업다운이 심한 우울증 환자였던 과거가 있어 누가 보아도 온유한 면은 찾아볼 수 없는 시한폭탄과 같은 위험한 인물이다. 보기 좋고 듣기 좋은 권사라는 직분은 가졌지만 그야말로 보살펴 줘야만 신앙생활을 할 수 있는 연약한 어린아이와 같은 성도였다. 잘한다고 칭찬해 줘야 좋아하고 지속적으로 관심을 가져 줘야만 일하는 문제 성도라는 것을 교우들도 잘 알고 있다. 그러나 누구든지 하나님의 뜻대로 하는 자는 내 형제요 자매요 모친이라고 하지 않았던가?(막 3:35). 말과 행동이 거스를 때가 있지만 교우들은 어린아이와 같은 최 권사를 사랑으로 덮어 주고 이해하는 모습이 역력하였다.

월요일은 목회자들에게 휴일과도 같다. 편안한 시간을 보내고 있을 무렵 휴대폰에 메시지가 들어왔다는 신호음이 울려 확인해 보았다. **'안녕하세요. 최 권사입니다. 개인 사정으로 교회를 더 이상 안 나가겠습니다. 다시는 선한믿음교회로 돌아가는 일은 없을 것입니다. 앞으로는 어**

떤 만남이나 전화 통화도 사양합니다.' 전화도 심방도 사양하겠다는 이런 황당한 문자를 받았음에도 놀라지 않았던 것은 그동안 크고 작은 문제로 사모와 목사를 속 썩이는 일들이 한두 번이 아니었기 때문이다. 아무 이유 없이 갑작스럽게 혼자 토라져 서운해하고, 혼자 화내고 혼자 관계까지 정리하는 아주 못된 성품을 가진 소유자다. 그녀의 가족들조차 최 권사 때문에 힘들어하는 모습이 참으로 안타깝게 보인다.

한동안 큰 문제 없이 신앙생활을 잘하다가 주기적으로 이런 상황을 스스로 만들어 고립된 생활을 한다. 아무런 문제가 없고 혼자서 연극한다는 것을 알고 있었지만 목사는 심방을 하지 않을 수 없었다. 예상한 바와 같이 심방을 갔더니 아무 일도 없었던 것처럼 다시 교회에 가겠다고 말했다. 이게 무슨 어린아이 장난도 아니고 무엇인가?

최 권사의 의도는 다른 것이 아니다. 목사와 사모가 자신을 바라보지 않으면 교회를 나가지 않겠다는 것이다. 자신 앞에 찾아오지 않으면 교회에 나가지 않겠다고 시위를 하고 있는 것이다. 교회에서 자기가 중심이 되어야 하고 자기 뜻만 관철시키려고 하는 자기애성 성격장애(Narcissistic Personality Disorder), 일명 공주병을 가진 환자와 같다. 자기애는 누구에게나 있는 현상이지만 지나치면 병적으로 변하여 주변 사람들을 힘들게 한다. 이런 사람은 사람들과 공감하지 못한다. 타인에 대한 배려가 조금도 없고 단순히 사람들에게 갈채만 받고 싶어 하며 관심을 받지 못하면 이상한 행동을 주저 없이 한다.

소그룹을 나눌 때에는 다른 사람의 말을 경청하지 못하고 벽에 걸린 시계를 훔쳐보거나 아니면 눈을 감고 졸고 있는 척하다가 자신이 말할 때에는 대화의 주제를 파악하지 못하고 자신의 대한 말만 꺼내 놓는다.

오직 자신밖에 모른다. 목사가 다른 교우를 칭 찬하거나 격려하면 조금
도 반응하지 않다가도 자신을 칭찬해 주면 해바라기처럼 활짝 웃는다.
마치 자신만 바라보고 자신만 칭찬해 달라는 아주 나쁜 습성을 가져 원
만한 인간관계를 위해 심리적 치료가 필요한 사람이라 판단된다.

정말 웃기는 상황도 있었다. 직분자로서 예배 참석이 저조하자 심방을
했을 때에는 본 교회의 달력을 떼어 내고 다른 업체의 달력을 보란 듯이
걸어 놓는 등 비정상적인 행동도 서슴치 않고 보여 주는 삐딱한 성격을
가지고 있는데 이런 사람은 히스테리성 성격장애(Histrionic Personality
Disorder)의 대표적인 사례다.

자신이 관심을 받지 못하는 상황이라면 모든 것이 불편하다고 생각한
다. 자신이 주인공이 되고자 하는 자기애적 인격장애와 유사하여 지나
치게 타인의 관심을 얻고자 극단적인 행동을 일삼고 꾸준한 인간관계를
맺기가 어려워 관계를 지속하지 못하여 쉽게 교회를 떠나겠다고 으름장
을 놓기도 한다.

인간을 하나님의 형상대로 지으셨다(창 1:27). 당신이 하나님의 형상
을 지녔다는 것에 감사할 수 있어야 한다. 그렇다면 육적으로 살지 말고
좀 더 영적으로 살아야 한다. 이를 위해서 자신과 싸워 이겨야 한다. 믿
음의 위인들이 그냥 영적으로 살게 되는 것이 아니 었다.

다윗은 "하나님이여 나를 살피사 내 마음을 아시며 나를 시험하사 내
뜻을 아옵소서 내게 무슨 악한 행위가 있나 보시고 나를 영원한 길로 인
도하소서"(시 139:23-24)라고 기도하였다. 사도 바울은 "내가 내 몸을 쳐
복종하게 하라 했고"(고전 9:27), "나는 날마다 죽노라"(고전 15:31)고 했
다. 신앙인은 겸손과 감사로 살아야 한다. 자신의 분수를 모르고 날뛰다

가 큰 봉변을 당한다는 말이 있지 않은가? 사람이 분수를 모르면 푼수가 되는 법이다.

> "심히 교만한 말을 다시 하지 말 것이며 오만한 말을 너희의 입에서 내
> 지 말지어다 여호와는 지식의 하나님이시라 행동을 달아 보시느니라"
> 삼상 2:3.

2.
유아실이 없어서 안 나갑니다

　교회에 처음으로 나가 보았던 시기가 초등학교 1학년 때로 기억된다. 하얀 눈이 쌓인 저녁에 크리스마스이브 행사를 준비하기 위해 동네에 있는 꼬마들이 모여 연극 발표에 몰두하던 어린 모습이 어렴풋이 생각난다. 전깃불도 들어오지 않았던 밤 깊은 시골 교회에서 어린아이들을 위해 고구마를 삶아 오신 백발의 어르신의 섬김도 엿볼 수 있었다. 천장에는 형광등이 아닌 기름 램프가 어둠을 밝혀 주고 있었고 차디찬 나무 바닥에 구멍 난 양말을 신고 추운 줄도 모르며 옹기종기 모여 앉아 예수님을 찬양했던 어린 시절이 있었다.

　오늘날 현대 교회는 너무 풍성하여 오히려 풍성함 때문에 문제가 되기도 한다. 그래서인지 교회 안에 분쟁과 다툼은 흔히 찾아볼 수 있다. 이럴 때마다 소유하지 못했을 때는 기도가 먼저였고 서로 사랑해 주길 원했으며 가난하여 잘 먹지 못했지만 기뻐하였던 시골 교회의 모습이 그립기도 하다.

　과거에도 그랬지만 오늘날의 교회 개척은 더욱 쉬운 일이 아니다. 개척자의 마음속에는 쾌적한 예배시설이 되어 있지 않으면 사람들이 모이지 않는다는 전제가 숨겨져 있다. 반듯한 예배당 안에 화려한 조명과 고급스러운 마이크 시스템은 기본이다. 그 정도는 아닐지라도 예배 장소만 있으면 되는 것이 아니다. 목양실은 없더라도 최소한의 교제실과 유아실은 있어야 교회 개척이 가능할 정도이다.

2020년 4월, 코로나19로 인하여 대면예배가 계속 금지되고 있는 상황에서 건물 사용료를 절감하기 위해 교회가 이전해야 했다. 감사하게도 이전보다 더 넓은 예배실과 교제실, 적당한 공간의 목양실과 청년부실도 준비되어 있어 예배 드리기에 너무 좋았다. 더 나아가 유아를 위해 목양실을 유아실로 사용하기 위해 실시간으로 예배드릴 수 있도록 스크린도 준비해 놓고 미국 행정부에서 대면예배를 드릴 수 있는 허락만 기다리고 있었다.

드디어 5월에는 대면예배를 다시 허용하여 온라인 예배를 멈추고 교회에서 예배를 드릴 수 있었지만 절반의 성도들은 교회에 출석하지 않았다. 이 중에는 교회에 유아실이 없다는 이유로 앞으로 교회에 나가지 않겠다는 가정도 있다는 것을 알게 되었다. 지금까지 코로나가 무섭다는 핑계로 교회에 나가지 않겠다는 성도들은 있었지만 유아실이 없어서 교회에 나가지 않겠다는 성도는 처음이었다. 분명 목양실을 유아실로 꾸며 사용하도록 허용한 사실을 알고 있었으면서도 말이다.

부모의 입장에서 유아실이 없는 교회에 나가지 않겠다는 말에 나 역시 전적으로 동의한다. 유아실에 아이를 맡겨 놓고 마음 편하게 예배 드리고 싶고, 유아실이 잘 갖추어진 교회들도 주변에 많기 때문이다. 하지만 유아실이 없다는 핑계로 교회에 나오지 않는 것에 절대 동의할 수 없는 이유가 있다.

그동안 완벽하게 갖추어진 유아실은 아니었지만 젊은 부부가 아이들과 함께 편안하게 예배드릴 수 있도록 공간을 만들어 주었고, 심지어는 목양실에 스크린을 설치하여 아이와 함께 예배드릴 수 있도록 목양실을 내어 준 사실을 알면서도 유아실이 없어 교회에 나가지 않겠다는 말을 다른 성도들에게 말했다는 것은 도무지 이해할 수 없는 행동이다. 다만 이들은 유아실이 없어서가 아니라 *'어떻게 하면 교회를 떠날 수 있을까?'* 하고 궁리를 찾고 있는 것이다.

신앙생활을 하면서 여러 가지의 이유로 얼마든지 교회를 옮겨 갈 수 있다. 교회를 떠나려고 다짐하였다면 조용히 떠나면 되는 것이다. 그동안 교회를 통해 은혜 받았고 잘 섬겨 왔다면 좋은 모습으로 떠나야 하는데 오히려 불평하며 사실이 아닌 것을 사실인 양 왜곡하여 교회와 목회자를 아프게 하며 떠나는 성도들이 있다.

8-90년대만 해도 한국에서는 지하실에 있는 작은 교회들이 적지 않았다. 그렇게 시작한 교회들이 지금도 견고하게 성장하고 있는 작은 교회에서부터 중형, 대형교회로 눈부시게 성장한 교회들이 있다. 80년도 대학 시절 때에 큰 형수와 함께 서울 자양동에 있는 작은 교회를 여러 번 방문한 적이 있었는데 반지하였다. 그 시절 교회 입구에서 갓난아이를 등에 업고 안내하는 사모님의 모습이 어떤 마음이었는지 교회를 개척해 보니 알 것 같다.

그때 참으로 가슴 아픈 이야기를 들었다. 지하실에서 예배를 드리니 곰팡이 냄새 때문에 교회를 옮기겠다는 성도의 말을 듣고 사모님이 눈물을 펑펑 흘리던 모습을 잊지 못한다. 왜 눈물을 흘리셨는지 우리는 잘 알고 있다.

아내는 결혼 전부터 반주자로 섬겨 오다가 결혼을 하여 두 아이를 양육하고 있을 때에도 계속 반주자로 섬겨야 했다. 어린아이들 때문에 사임을 하라고 권했지만 교회 형편상 순종하는 마음으로 반주자의 자리를 지켜야 했다. 하지만 예배시간에 두 자녀가 걱정되었다. 오늘날의 교회처럼 아이를 돌봐 주는 선생님은 없었지만 다행히도 예배실 뒤에 유아실로 사용되고 있는 작은 방에는 두세 명의 젊은 여성도들이 아이와 함께 예배를 드리고 있었다.

나는 아내를 대신하여 두 아이를 데리고 젊은 여성도들 사이에 끼어 예배를 드려야 하는 상황을 피할 수 없었다. 그때만 해도 아빠가 우유병과 아이들을 데리고 유아실에 들어가는 순간 얼마나 부끄러웠는지 모른다. 그러나 몇 주가 지나자 익숙해져 아이 엄마들과 자연스러운 대화도 나눌 수 있는 여유도 생겼다. 장난감 하나 없고 잘 꾸며진 유아실은 아니었지만 그 좁은 공간에서도 아이들의 엄마들은 행복했고 예배시간에 간혹 들려오는 갓난아이들의 울음소리는 정겹게만 들려왔다.

요즈음 교회들 중에서 적극적으로 부모가 자녀들과 함께 예배 드리도록 권장하며 분위기를 만들어 주는 교회가 얼마나 될까? 오늘날의 교회들을 보자. 가급적이면 어린아이들은 따로 드리게 한다. 유아부, 유치부, 초등부, 중등부, 고등부, 대학부, 청년1부 등등 나눌수록 좋다는 식이다. 심지어 같은 교회 안에서 젊은이들을 위한 열린 예배와 어른들을 위한 전통 예배가 있고 여성들만을 위한 맞춤 예배도 있다.

이것이 교회의 표준인 것처럼 인식되어 작은 공간을 얻어 예배 드리는 개척교회나 작은 교회에서는 흉내조차도 낼 수 없는 상황에서 작기 때문에, 너무 없기 때문에 교회가 문을 닫아야 하고 성도들이 떠나기도 한다. 연령대로 나누어 예배 드리는 것을 부정하지는 않지만 어린아이에서 노년에 이르기까지 같은 장소에서 함께 예배 드렸던 과거에는 지금보다 더 많은 하나님의 은혜가 있었고 성도 간의 사랑은 훨씬 풍성하였고 충만하였던 것으로 기억된다.

언제부터인가 많은 교회들이 유아실을 만들어 아이와 부모가 함께 예배드릴 수 있도록 하였다. 80년대만 해도 예배 중에 아이의 울음소리가 들려왔던 것과 지금의 교회들과 성도들의 인식은 사뭇 다른 모습이다. 아이를 돌보는 선생님이 없으면, 그리고 잘 갖추어진 유아실이 없으면 교회에 나가지 않고 유아실이 있는 교회로 가겠다고 한다. 앞으로는 강아지를 맡길 수 있는 애견실이 있어야 교회에 나갈 수 있는 시대가 올 수 있다. 정말 강아지 때문에 교회에 나갈 수 없었다는 성도가 있으니 말이다.

이런 일도 있었다. 예배를 마치자마자 주차장으로 쏜살같이 달려갔던 성도가 한숨을 쉬며 되돌아와서 하는 말이 *'자동차 안에 있는 강아지 때문에 신경 쓰여 예배를 드리지 못했다.'*고 하였다. 강아지를 집에 홀로 두고 올 수 없어 함께 교회에 나왔지만 어떻게 예배 장소에 강아지와 함께 들어갈 수 있을까? 그래서 지금 애완견을 맡기는 애완 호텔이 호황을 이루고 있다고 하지 않은가? 집에 있는 강아지를 봐 줄 사람이 없어 교회에 나가지 못하고 자동차 안에 방치되어 있는 강아지 때문에 신경 쓰여 예배를 드리지 못한다면 이것도 신앙생활에 있어서 큰 문제다.

이런 상황이라면 미래의 교회는 유아실 옆에 애견실도 만들어야 되지 않을까? 반려동물보다 못한 취급을 받고 있는 *'예배'*를 통해 어떻게 은혜를 받고 구원에 이를 수 있을지 심히 염려된다. 정말 유아실이 없어 교회에 갈 수 없을까? 예배를 거슬리게 하는 여러 가지의 핑계와 노출된 환경에서 벗어나 어떤 상황에서도 예배하는 일에 게으르지 말아야 한다.

"그러므로 형제들아 내가 하나님의 모든 자비하심으로 너희를 권하노니 너희 몸을 하나님이 기뻐하시는 거룩한 산 제물로 드리라 이는 너희가 드릴 영적 예배니라" 롬 12:1.

3.
예배시간이 맞지 않아 안 나갑니다

　내가 4년 정도의 짧은 미국 이민교회의 사역 경험을 토대로 이민교회 개척을 위해 기도하며 준비하고 있을 즈음에 2010년 10월, 로스앤젤레스 카운티 라크레센타에 있는 교회에 부임을 받았다. 그러나 전체 교인 수는 장년 세 명과 학생 서너 명이 전부였으니 후임자가 아니라 개척자 정신으로 나아갔다. 그 후 4개월이 지나자 장년 15명, 주일학교 학생 20여 명 정도의 성장을 하는 과정에서 4개월 만에 교회를 나와야 하는 아픔을 경험하였다.

　로스앤젤레스 지역에서 법정 싸움을 하는 여러 개의 교회가 있다고 하는데 그 대열에 합류하고 싶은 마음이 없어 하나님께서는 선한 마음을 주심으로 아름다운 결단을 내리게 하셨다. 교회를 떠난 이유는 한 사람의 문제였다. 자기 멋대로 교회를 좌지우지하고 목사를 교회의 바지사장처럼 내세우고 자신이 마음대로 이끌어 가려다 목사와 의견이 충돌하자 결국 목사에게 교회를 떠나라고 큰소리치기 시작했다.

　말도 안 되고 처음 겪는 일이어서 큰 충격과 함께 도저히 인정할 수 없었지만 하나님의 인도하심에 따라 그 자리를 조용히 떠나야만 했다. 지금 생각해 보면 다투지 않고 분란이 없이 마무리를 잘했다는 생각이 든다. 마음이 상하고 억울하였지만 시간이 흐름에 따라 하나님의 깊은 섭리가 있었음을 깨닫게 된 깊은 경험이었다.

나는 주저하지 않고 새롭게 시작하는 마음으로 2011년 2월 27일, 목사 가정에서 12명이 모여 예배를 드리기 시작하였다. 그 후 가정에서 예배를 드리는 것은 한계가 있다고 생각되어 한 달이 지나자 사택에서 30여 분 거리인 미국감리교회를 어렵게 임대하여 미국교인들이 예배를 마친 후 오후 12시 30분에 예배를 드려야 했다.

이민교회를 개척한 목회자들의 대부분은 최종적으로 교회를 개척하려고 할 때 애로 사항으로 마땅한 장소가 없다는 점을 들었다. 로스앤젤레스 한인타운에는 한 빌딩에 여섯 교회 이상이 있는 곳도 있고 위치가 좋은 장소에는 작은 건물에도 한두 개의 교회는 상주하고 있으며, 대부분의 미자립 교회들은 두 교회가 시간을 나누어 함께 사용함으로써 임대료 부담을 덜어 주고 있는 실정이다.

필자도 12년 동안 교회 개척 사역을 하면서 교회가 다섯 번을 이사해야 했고 앞으로 또다시 이전을 해야 할지 모른다. 한인교회는 오전 11시 예배를 선호하고 있다. 예배 후 친교시간을 갖는 것이 아주 보편화되어 있으니 미국교인들처럼 커피나 비스킷보다 한인들은 고향 냄새가 물씬 풍기는 한식을 준비하는 데 익숙해져 있다.

미국교회를 임대하여 예배실을 함께 공유하고 있는 상황이라면 시간 선택의 여지가 없어 오후 1시 이후에나 예배가 시작되어야 한다. 나는 미국교인들이 예배를 마친 후 30분 앞당겨 12시 30분에 시작하는 예배를 한동안 드리다가 단독으로 사용할 수 있는 건물로 이전하여 오전 11

시로 시간을 변경하여 예배를 인도하였다. 많은 교회가 오전 예배를 선호한다고 하지만 오후 12시 30분에 예배를 드리는 것도 장점이 될 수 있었다. 부지런한 노인분들에게는 오전 예배가 좋겠지만 젊은 청년들의 경우 밤 늦게 또는 새벽이 되어야 취침을 하는 생활패턴으로 인해 오전 11시 예배보다는 오히려 오후 시간을 좋아하는 교우들도 있다. 등록 교인이라면 교회의 형편에 따라 오전이든 오후든 예배시간을 존중하고 따르는 성도의 예배 자세가 중요하다.

2020년 4월, 코로나19로 인하여 많은 교회들이 현장예배를 드리지 못하여 어려움을 겪고 있을 때 높은 임대료를 감당치 못하여 1년 만에 교회가 다시 이전할 수밖에 없어 다른 교회와 예배실을 공유하게 되자 예전처럼 오후 12시 30분에 예배를 드리기로 계약을 하였다. 이때 들려오는 소문에 의하면 한 성도가 12시 30분에 시작하는 예배를 못마땅히 여겨 교회를 나갈 수 없다는 것이다.

나는 이 성도가 앞으로 교회에 나오지 않을 것이라는 생각을 일찍부터 예상하고 있었다. 입만 열면 매사에 불평과 불만으로 나쁜 분위기를 조장하고 교회와 목사를 험담하며, 공적인 자리에서는 천사처럼 말하기를 **'목사님의 기도와 사랑으로 여기까지 왔으며 하나님의 은혜로 지금까지 잘 지내왔다.'**고 말하지만 뒤돌아서면 교회에 대한 불평과 성도들을 험담하며 이간질하는 사탄의 마음이 가득한 교활한 사람이다. 이 한 사람으로 인하여 교회가 혼란스럽고 성도들이나 목회자에게 근심이 된다면 차라리 교회를 조용히 떠나는 편이 훨씬 좋지 않을까?

교인들 중에는 봉사도 잘하고 헌금도 많이 하여 재정적으로 도움이 되는 일꾼들도 필요하다. 특히 개척 초기에는 재정적인 부분이 매우 중요하기에 헌금을 많이 하는 성도들의 영향력이 크다. 그러나 봉사 잘하고 헌금 많이 한다고 해서 착한 양이 되지 않는다. 하나님의 능력 앞에 겸손하고 순종하는 자가 먹고 배부를 것이라 하였다(시 22:26).

교회는 돈의 힘보다 순종의 힘이 필요하다. 많은 군사보다 한 명의 기도자가 더 강하다. 봉사 잘하고 헌금 많이 하면 보배와 같은 성도라고 말하는 것은 잘못된 것이다. 많은 성도들이 모이면 소위 성공한 교회라고 말한다. 교회가 교회답지 못한 이유가 무엇인가? 봉사하는 사람은 많지만 겸손한 자가 부족하다. 헌금하는 사람은 있지만 순종하는 사람이 부족하다. 많은 성도는 있지만 기도하는 사람이 없다면 죽은 교회다.

자기를 드러내고 이름을 내기 위해 봉사하고 헌금하는 사람들도 있을 것이다. 사람에게 보이려고 회당과 큰 거리 어귀에 서서 기도하기를 좋아하는 바리새인들을 오늘날 교회 안에서도 어렵지 않게 찾아볼 수 있다.

예수님은 "나는 마음이 온유하고 겸손하니 나의 멍에를 메고 내게 배우라 그리하면 너희 마음이 쉼을 얻으리니"(마 11:29)라고 하셨다. 봉사와 헌금을 잘해도 온유하고 겸손하지 못하면 아무 소용이 없고 인정받지 못한다는 것이다. 순종이 제사보다 낫고 듣는 것이 숫양의 기름보다 낫다고 하였다(삼상 15:22). 사무엘의 말씀과 하나님의 명령에 순종하지 못한 사울에게 말씀한 것이다. 더군다나 직분자로서 하나님 말씀대로 살지 못하고 목회자를 대적하고 성도들을 선동해 교회의 분쟁에 앞장서는 것은 교만함이요, 자신에게 아무 유익이 없고 세월이 지나면 후회만 될 뿐이다.

예배시간이 12시 30분이라서 교회에 나오지 못하는 것이 아니다. 자신이 더 잘 알고 있다. 예배시간을 핑계 삼아 목사를 향해 또 다른 시위를 하고 있는 것이다. 봉사도 잘하고 헌금도 가장 많이 하고 있으니 가족 모두를 동원하여 교회 앞에 힘자랑을 하고 있는 것이다. 교회에 나가지 않는다고 말하면 어서 속히 목사가 전화를 하든지 찾아오든지 자신을 향해 달려오라는 것이다. 이런 일이 한두 번인가? 그래서 나는 더 이상 심방과 전화도 하지 않았다. 어디에 가도 인정받지 못하니 다시 교회에 나올 것이 분명하다. 이제 더 이상 반복적으로 거슬리게 하는 행동으로 주변 사람들을 괴롭히지 말아야 한다.

목회자가 탈진하는 이유가 있다. 재정에 관련이 있고 수적 부흥에 영향을 받는다고 생각한다. 이것은 외향적인 것에 불과하다. 참된 목회자들이 힘들어하는 이유는 경제적 부담과 성도 수가 적어서가 아니다. 교회 건물이 없고 재정이 빈약해서가 아니다. 바로 이와 같이 힘들게 하는 사람들을 선으로 인도하기 위한 목회자의 거룩한 희생 때문이다. 나는 교회가 부흥되는 목회가 아니라 성도들이 행복한 목회를 하고 싶다. 그러나 행복만을 추구하다 보면 세속화될 수 있다. 그래서 거룩한 가운데 행복해야 한다. 교회 안에서 성도들이 평안하고 행복하면 이것이야말로 진정한 부흥의 시작이 아니겠는가?

"채소를 먹으며 서로 사랑하는 것이 살진 소를 먹으며 서로 미워하는 것보다 나으니라" 잠 15:17.

4.
꼿꼿이를 하지 않아 안 나갑니다

한동안 교회를 잘 섬기다가 교회를 옮기게 될 때 담임목사와 교우들의 축복을 받고 떠나게 된다면 그는 축복의 사람이 틀림없다. 혹시 교회를 떠나거든 한 교회에 등록하여 함께 신앙생활을 하였던 교우들과 담임목사의 축복을 받고 떠나길 바란다. 아무 말도 없이 교회를 훌쩍 떠나는 이유는 자신의 모습이 떳떳하지 못하거나 변명할 이유가 없기 때문이다.

나 역시 사역 문제로 교회를 여러 번 옮겨야 하는 이유가 있었다. 교회를 옮길 때마다 항상 좋은 마음으로 떠날 수 있겠는가? 어느 날 갑자기 훌쩍 떠나 버리고 싶은 마음도 있었지만 서운함과 오해를 뒤로하고 담임목사님의 축복 기도를 받고 떠나는 것이 좋겠다는 생각이 들어 서로 기도해 주면서 교회를 옮긴 적도 있다. 언젠가 거주지 이사로 인하여 교회를 떠날 때는 담임목사님도 울고 나도 울었다. 신학교를 다니면서 전도사로 부임할 때에도, 미국에 이민을 갈 때에도 교우들의 축복을 받고 교회를 떠났다. 미국에 와서 첫 사역을 할 때에는 담임목사님과 소통이 되지 않아 교회를 사임할 때에도 언제나 마지막에는 축복의 기도와 인사로 마무리를 했다는 것이 정말 잘했다는 생각이 든다.

끝맺음을 잘해야 하는 이유가 있다. 처음은 좋았는데 끝이 좋지 않으면 다시는 연락할 수 없다. 그러나 처음보다 끝이 좋으면 언제든지 다시 만날 수 있다. 끝이 좋으면 다 좋아 보인다. 사람이 죽은 후에 어떻게 평가를 받느냐에 따라 그 사람의 됨됨이를 알 수 있듯이 사람의 끝을 보면 그 사람의 인격을 알 수 있다. 사람의 됨됨이, 품성을 알 수 있는 기준의 하나는 *'끝이 좋은가, 나쁜가?'*의 여부다.

윤 집사는 강대상 옆에 있는 꽃꽂이를 거의 도맡아 하였다. 꽃이 시들면 새로운 것으로 때와 절기에 맞게 화분을 올려놓곤 하였다. 교회를 아름답게 꾸미기 위한 정성이 얼마나 고맙고 아름다운지 모른다. 그런데 참으로 이상한 못된 습성이 숨겨져 있다. 다른 사람이 꽃꽂이를 한다면 싫어하고, 아직 꽃이 시들지 않아 교환할 시기가 되지 않았으니 다음에 하라 해도 싫어하고, 강대상이 비좁으니 작은 화분을 했으면 좋겠다고 하면 싫어하는 티를 내고, 항상 똑같은 꽃만 하면 보기에도 지루하니 다른 꽃을 하라고 하면 이것이 제일 무난하다고 우겨 똑같은 꽃을 365일 올려놓는다. 어느 누구의 권면과 조언도 아랑곳하지 않고 자기 뜻대로만 하는 고집불통의 사람이다.

가장 바보 같은 사람은 열심히 일하면서 욕먹는 사람이다. 일하면서 티를 내는 것이 너무나 지나칠 정도다. 오른손이 하는 일을 왼손이 모르게 하라는 예수님의 말씀을 몰라서일까? 예수님께서는 먼저 사람에게 보이려고 너희 의를 행치 않도록 하라(마 6:1)고 하셨는데, 이것이 바로 오른손이 하는 일을 왼손이 모르게 하라는 말씀이다(6:3). 사람에게 알리는 목적으로 봉사하지 말고 은밀하게 행하면 하나님께서 그것을 다 갚으시겠다는 것이다.

코로나19로 교회가 어렵게 되자 새로운 예배 장소를 찾아야만 했다. 새롭게 찾은 예배실을 둘러보니 꽃꽂이가 참으로 보기 좋게 잘 관리되어 있었다. 꽃꽂이를 도맡아 해 왔던 윤 집사도 이것을 보고 *'앞으로 꽃꽂이는 안 해도 되겠네요?'* 하고 묻자 우리 교회에서도 가끔 해야 한다고 말해 주었다.

얼마 후 황당한 이야기가 들려왔다. 윤 집사가 말하기를 *'꽃꽂이를 하지 않으니 교회에 나갈 이유가 없다'*는 것이다. 이것이 교회를 떠나야 할 이유가 되겠는가? 아무리 교회를 떠나야 할 핑곗거리가 없을지라도 이것은 어처구니가 없는 핑계가 아니겠는가?

목회를 하다 보면 상상을 초월하는 상황들이 마음을 아프게 하고, 밑바닥까지 보여 주면서 관계의 끝을 맺고 떠나는 성도들이 있을 때 회의감을 느끼게 한다. 진정한 하나님의 자녀라면 겸손한 마음으로 목회자를 돌보며 마음 편하게 목회를 잘하도록 섬겨 주고 목회자에게나 교우들에게 오래 기억되는 성도가 되어야 한다. 교회를 다니며 목회자를 힘들게 하거나 하나님의 일을 방해하는 가라지와 같은 성도가 되지 않기를 바란다.

"사람에게 보이려고 그들 앞에서 너희 의를 행하지 않도록 주의하라 그리하지 아니하면 하늘에 계신 너희 아버지께 상을 받지 못하느니라" 마 6:1.

5.
점심을 준비하지 않으니 안 나갑니다

2006년 6월, 미국 캘리포니아로 이민하여 한동안 가족들과 함께 매 주일마다 미국교회들을 방문하면서 예배드릴 수 있는 시간을 보낼 수 있었다. 보통의 경우 미국교회 교인들은 예배를 마치고 나면 가볍게 먹을 수 있도록 나가는 출입구에 과자류와 빵을 테이블 위에 올려놓는다. 한인교회와는 사뭇 다른 모습이었다.

규모가 있는 미국 내 한인교회를 방문해 본 결과 예배 후의 점심은 도시락을 구입해서 먹거나 무료로 봉사하는 교회도 있다. 어찌 되었든 한인교회의 공통점은 식탁교제가 있다는 것이다. 한인교회에 점심이 없다든지 비스켓과 빵을 내놓으면 성도들이 모이지 않는다는 우스갯소리도 있지 않은가? 일단 모이면 잘 먹어야 하는 것이 원칙인 양 점심 준비에 소홀하지 않는다는 것은 좋은 문화이기도 하다. 아마도 가족처럼 모이는 작은 교회일수록 점심의 메뉴가 풍성할지도 모르겠다.

교회를 개척하다 보니 봉사자는 부족하고 식사 당번도 없었을 뿐만 아니라 교회의 모든 일은 목회자 가정의 몫이다. 청소는 물론 교회의 환경과 뒷정리, 그리고 매 주일마다 식사 당번을 맡을 때 피곤함보다는 즐겁고 기쁜 마음으로 아내의 주방일을 도와주기도 했다.

드디어 교회 개척 3년이 지나자 주방일에서 손을 떼기 시작하였다. 그런데 이상하게도 매 주일마다 식사문제 때문에 여간 신경이 쓰이고 있었다. 즐겁게 대화하며 맛있게 먹고 있는 교우들에게 **'맛이 어떠세요?'**라고 자주 묻는 것이다. **'맛이 좋습니다.'**라고 인사를 건네야 기분이 좋은지 그때서야 환한 미소를 짓는다. 대부분의 사람들은 음식이 짜든지 맵든지 맛있다고 말해 주는 성도들이었다. 나 역시 준비해 온 음식을 거부하거나 편식하지 않고 아주 맛있게 그리고 감사하게 식탁을 대하고 있었다.

식사 준비에 대한 첫 번째의 문제는 식사를 준비하면서 힘들어할까 염려되어 하지 말라고 여러 번 반복하여 권면하였지만 본인이 기꺼이 하겠다고 하자 말릴 수도 없었다. 마치 식사 문제로 교회가 혼란스러워지는 듯하였다.

안 되겠다 싶어 각 가정마다 한 주일씩 번갈아 가면서 식사 당번을 정하기로 하였다. 물론 돈만 주면 할 수 있는 캐더링 음식이다. 이때 성도들의 식사 준비에 부담을 덜어 주기 위해 교역자와 담임목사 가정에서도 한 주일씩을 책임지기로 하였다. 담임목사 가정에서 식사를 준비하는 것이 외부에 알려지자 목회자 가정에서 식사를 준비할 때 사용하라며 매달 헌금해 주시는 타 교인분도 계셨다.

두 번째 문제는 식사 당번을 할 때에는 예배에 참석하고 자신이 하지 않으면 불참하는 것이었다. 어쩌다가 예배에 참여하여 식사를 할 때에는 다른 교우가 준비해 온 음식에는 성의 없게 대하거나 심지어 먹지 않을 때도 있었다.

나는 매주마다 교인들의 출석을 체크하고 있었다. 일 년 동안의 출석 통계를 보니 특이하게도 자신이 식사 당번일 때에는 예배에 참석하였지만 다른 교우가 식사를 준비하면 출석률이 저조한 것을 알았다. 그리고 다른 성도가 주문해 온 음식은 잘 먹지도 않는다. 성품이 좀 특이하지 않은가? 자신이 주문하고 거래하고 있는 음식점의 캐더링은 맛있고 깨끗하며, 다른 사람이 주문해 오거나 교회에서 거래하고 있는 캐더링 음식은 맛이 없고 반찬이 싱싱하지 않다는 것이다. 다른 교우들은 누가 준비해 오든 음식에 트집을 잡지 않고 기쁘게 대하는데 유난히 그분만 반찬에 손을 대지 않고 음식이 맛없다며 인상을 찌푸리기 일쑤였다. 정말 유치하고 부끄럽지만 교회 주방은 늘 잡음이 떠나지 않는 곳이다.

　첫 번째와 두 번째의 문제는 그래도 아슬아슬하게 잘 넘겨 풍성한 식탁의 교제를 만들어 갔다. 문제는 역시 코로나19였다고 생각했지만 실제는 코로나가 아니라 비뚤어진 그의 마음이었다. 그녀의 믿음은 가짜였고 믿음 없는 행함 때문에 그동안 봉사하였지만 오히려 교회에 해를 주었으며 교우들에게, 그리고 목회자에게 상처만 남기고 떠나게 되었다.

　자신이 점심을 준비하지 않으니 교회에 나갈 이유가 없다는 것이다. 봉사보다 예배가 더 소중하다. 앞에서 언급하였지만 자신이 점심을 준비할 때에는 예배에 꼭 참석하였고 무슨 일인지는 몰라도 예배는 드리지 못하지만 음식만큼은 주방 앞에 놓고 쏜살같이 빠져나간 적도 있다. 이런 상황으로 볼 때 책임감이 많은 사람으로 착각할 수도 있다. *'점심을 준비하지 않으니 교회 안 나갑니다.'* 이것이 교회에 나가지 말아야 할 이유가 되겠는가?

　2020년 3월까지만 해도 코로나19로 인하여 교회에서는 안전수칙을 지키며 예배는 드릴 수 있으나 식사만큼은 하지 말라는 행정명령이 내려진 상태였다. 다행히도 친교실에 벽이 없고 막혀 있지 않은 오픈된 건물이라 예전처럼 자유롭게 식사를 할 수는 없었지만 간단한 도시락 또는 패스트푸드는 먹을 수 있었다. 한인이라서 반드시 한식을 먹어야 하는 것은 아니다. 상황에 따라 간편한 음식으로 대체할 수 있지 않겠는가? 코로나로 인하여 식사 준비를 하지 않으니 교회에 나가지 않겠다고 하는 참으로 어리석은 핑계가 우습기도 하다.

말씀을 외면하고 음식 준비에만 몰두하고 있는 마르다를 보라. 자신이 그렇게 바쁜데도 거들떠보지도 않고 말씀만 듣고 있는 동생 마리아가 밉기도 하였다. **'언니를 도우라.'**는 질책도 없는 예수님도 원망스러웠을 것이다. 마리아는 혼자서 바쁘게 음식을 준비하는 자신이 얼마나 옳은 일을 하고 있는지 얼마나 희생적으로 헌신하고 있는지를 예수님께 인정도 받고 사람들에게 과시하기 위한 마음도 있었을 것이다.

그러나 예수님은 말씀을 듣고자 앉아 있었던 마리아를 칭찬하시면서 "마르다야 마르다야 네가 많은 일로 염려하고 근심하느냐 마리아는 좋은 쪽을 택하였다"고 하셨다(눅 10:41-42). 그동안 믿음 없이 그저 행함으로만 칭찬받으려고 했던 행동을 내려 놓고 회개해야 한다. 행함이 없는 믿음은 헛것이요 믿음이 없는 행함도 아무 소용없는 일이다.

"세월을 아끼라 때가 악하니라 그러므로 어리석은 자가 되지 말고 오직 주의 뜻이 무엇인가 이해하라" 엡 5:16-17.

6.
교회에 가면 위험하니 안 나갑니다

2020년 1월 21일, 미국 질병통제예방센터(CDC)는 미국 내 첫 감염 사례를 확인했다는 것을 발표했고 캘리포니아주 정부는 2020년 3월 19일 오후를 기점으로 모든 거주민들은 집에 머물라(Stay at Home)는 지시를 내리고 사회적 거리두기의 필요성을 강조하였다. 따라서 교회의 문도 닫혀 온라인 예배에 의존할 수밖에 없는 실정이었다.

한국 뉴스에서는 마치 교회에 가면 코로나에 걸린다는 느낌을 주고 있어 참으로 안타깝다. 그러나 미국에서는 상황이 다르다. 처음에는 마스크 착용도 꺼려했다. 불편하고 답답하다는 생각도 있겠지만 범죄자로 오해를 받을 수도 있다는 생각 때문에 마스크를 기피한다. 마스크 착용을 어색해하는 외국인들이지만 한인들은 마스크에 익숙하고 미국교인들보다 한인교인들은 교회에 가면 코로나에 걸린다는 인식에 사로잡혀 교회를 기피하는 현상이 두드러지게 나타나고 있었다.

만약 외부 식당에서 음식을 먹다가 감염된 교인이 교회에 갔다 와서 확진 판정을 받았다면 교회에서 확진되었다고 세상에 알린다. 이처럼 교인이라는 이유로 확진된 경로가 무조건 교회라며 교회의 모임을 비판하고 있다. 그래서 교인들조차도 세상의 모범이 되자며 온라인 예배로 전환해야 한다는 목소리를 높이고 교회 모임을 강하게 금지시켜야 한다고 부추기고 있는 현실이다.

교회에 대한 거센 비판의 댓글을 읽어 보았다. *'교회는 이제 열지 맙시다. 온라인 예배 아주 좋아요. 신앙 있는 사람만 설교 듣고 헌금하고 그럽시다. 가짜는 이런 것 안 해요. 그러니 교회를 폐쇄하고 계속적인 온라인 예배가 현실적입니다.'* 코로나 시대에 선과 악의 구분이 확실하게 드러나는 듯하다. 교회도 갈라졌다. 현장예배를 고수하는 정통파와 온라인 예배파로 나누어졌다. 알곡 성도와 가라지 성도와의 구분도 확실해졌다. 현장예배에 참여하면 알곡이요, 불참하면 가라지라는 개념이 아니다.

실제로 코로나가 위험하니 교회에 안 나가겠다는 교인들이 많았다. 아예 노골적으로 말하기를 교회에 가서 코로나에 걸리면 가족 전체가 위험하기에 당분간 교회에 나가지 않겠다고 말하는 교인도 있었다. *'그럼 장사하기도 불편하겠네요? 사람들이 많은 곳에 물건 납품은 어떻게 합니까?'*라고 물었더니 *'마켓 직원들이 주차장까지 나와 가져갑니다.'*라고 대답했다. 납품업자가 주차장까지만 배달해 준다는 새빨간 거짓말로 그 자리를 피해 갔지만 장사할 때는 코로나도 괜찮고 교회 나갈 때에는 코로나가 무섭고 위험하다는 것이다. 마치 코로나는 교회에서만 활동하고 있는 듯하다.

교회 청년 중에 간호사로 일하면서 코로나 검사를 해 주는 자매가 있다. 많은 사람들을 검사하고 있으니 교회에 가면 자신으로 인하여 다른 성도들이 불편해할까 봐 당분간 교회에 출석하지 않겠다고 하였다. 어린 자매보다 못한 어른의 모습, 그것도 성도의 대표라는 직분자의 말이다. '교회에 가면 코로나에 걸리니 당분간 쉬겠다.'는 표현이 과연 올바른 생각일까?

2020년 5월, 온라인 예배로 모이지 못하는 상황에서 문제가 많은 최 권사로부터 전화가 왔다. **'목사님, 교회에 가서 예배 드리고 싶어요. 찬양도 부르고 싶은데 교회에 나갈 수 없으니 안타깝습니다.'** 이것은 하나님을 믿는 신앙인으로서 지극히 정상적인 모습이다. 행정명령으로 3월부터 교회에 나가 예배를 드릴 수 없게 하였으니 성도로서 예배가 갈급했을 것이다. 예배를 온라인으로 드릴 수 있다고 하지만 현장예배와 같을 수 있을까? 예배가 그립다는 심정의 전화 한 통은 목회자의 마음과 동일하였다.

전화 통화를 마친 일주일 후 기다렸던 기분 좋은 소식이 들려왔다. 캘리포니아주 정부가 6월 첫 주일부터 현장예배를 드릴 수 있게 했다는 기사에 마음이 설레기도 하였다. 기쁜 마음으로 모든 교우들에게 6월 첫 주일부터 교회에서 예배 드린다고 알리자 일부 교인들은 잘된 일이라며 함께 기뻐하였다.

아니라 다를까, 일주일 전까지만 해도 교회에 가서 예배와 찬양 부르고 싶다는 최 권사는 막상 교회에서 예배 드리자고 하니 깜깜무소식이다. 코로나로 인하여 온라인 예배가 계속될 줄 알았나 보다. 앞에서는 거룩한 척 뒤돌아서면 딴소리하는 나쁜 습성이 적나라하게 드러난 상황이 되고 말았다. 그야말로 경건한 능력의 모습을 보여 주려다가 빈 깡통이라는 것이 들통난 꼴이 되고 말았다.

정말 몸이 연약하여 코로나가 무섭고 두려울 수 있다. 특히 70대 이상의 노인들이나 심혈관질환, 당뇨, 폐질환 등을 가진 분들은 각별한 주의가 필요하다. 그러나 모든 계층의 사람들이 교회에 간다고 코로나에 걸리는 것이 아니다. 교회 가면 위험하니 교회 안 가겠다고 말하는 것이 아니라 차라리 코로나 기간 동안 교회에 나가는 것이 부담스러우니 당분간 쉬겠다고 솔직히 말하는 것이 좋지 않았을까 하는 생각이 든다.

교회에 가면 코로나에 걸린다는 인식은 대중매체를 통해 세뇌당하고 있는 듯하다. 영적으로 깨어 있는 신앙인들만이 이것은 교회탄압이라 말하고 있다. 교회가 코로나를 퍼트리는 단체인가?

옛날 로마에서 큰 화재가 있었다. 네로 황제가 기독교를 핍박하기 위해 일부러 불을 내고 기독교인들이 그랬다고 죄를 뒤집어 씌웠던 것이다. 이때 로마시민들은 기독교인들을 미워했다. 1923년 일본에 대지진이 일어나 건물이 무너지고 식수가 끊기는 등 치안까지 무너져 불안감이 커져 가고 있을 때, 조선인들이 우물에 독약을 넣었다고 누명을 씌워 조선인들을 마구잡이로 학살하였던 역사도 있다.

오늘날 코로나는 정치적인 문제로 둔갑해 버렸다. 코로나가 확산되자 교회로 짐을 떠맡겨 버렸다. 지금 교회가 희생양이 되고 있다. 왜 교회만 짐을 져야 할까? 함께 공부하던 동료 목사가 식사하는 사진을 올리고 이런 글을 남겼다. *'성도들은 매주 예배를 마치고 외식을 한다. 교회에서는 식사를 못 하지만 외부 식당에서는 문제가 되지 않는다고 하니 좀 이상하지만 덕분에 매 주일마다 외식을 하고 있다.'* 정말 이상하지 않은가?

교회에서 식사는 물론 소그룹도 하지 말고 교인들은 카페에서도 모이지 말라고 하였다. 그런데 카페에서 동창회 모임은 괜찮고 친목회 모임은 괜찮다. 유난히 교인들만 모이지 말라는 것으로 해석된다. 이것이 교회 탄압이 아니고 무엇인가?

목회자들도, 성도들도 갈라졌다. 대면예배를 드려야 한다는 정통파와 코로나가 무섭다는 온라인파로 갈라지고 말았다. 영적인 눈이 어두운 교인들은 교회를 향해 비판의 소리가 높아지고 있다. 세상 뉴스에는 귀를 크게 열지만 하나님의 음성 듣기에는 눈과 귀를 닫아 버려 영적 소경이 되어 가고 있는 것에 주의해야 한다.

몇몇 교회의 감염 때문에 코로나가 교회로부터 확산되는 것처럼 언론은 떠들고 있는데 교회만큼 방역 잘하고 당국의 협조적인 단체 있으면 말해 보라. 서울의 모습을 보니 전철은 물론 거리, 식당, 술집, 마켓 등은 사람들로 가득하다. 심지어 2020년 8월 초에 한국 정부에서는 외식업체를 살리기 위해 만원을 할인해 주는 쿠폰 330만 장을 선착순으로 나누어 주었다. 그리고 여행사에서는 100만 장의 할인 숙박권을 풀었다. 그 후 다시 확진자가 증가되자 정부의 잘못은 인정하지 않고 교회에 짐을 떠맡겼다.

거짓된 정보와 코로나에 대한 두려움으로 교인들이 흩어지고 있다. 다시 대면예배를 진행한다 해도 예전처럼 모이지 않을 것이다. 교회를 바라보는 성도들의 모습도 변화되고 있다. 젊은 자녀들은 부모들에게 절대로 교회에 나가면 안 된다고 한다. 교회에 가는 것도 이제는 세상의 눈치를 봐야 하는 꼴이 되고 말았다. 온라인 예배가 익숙해지고 있다. 새벽예배, 수요예배, 금요예배도 사라지고 있으니 기도하는 시간도 그만큼 줄어들었다. 이러한 시대에 내 영혼이 죽어 가지 않도록 더욱 깨어 기도하기에 힘써야 할 것이다.

"살리는 것은 영이니 육은 무익하니라 내가 너희에게 이른 말이 영이요 생명이라" 요 6:63.

7.
접촉사고가 나서 안 나갑니다

　1998년 가을쯤이었다. 숭실대학교 한경직 기념관에서 성가경연대회가 있어 나는 우리 교회의 찬양대원으로 경연대회에 출전할 수 있어 더 좋은 경험과 은혜를 체험할 수 있었다. 한창 경연대회가 무르익을 때 봉헌하는 시간이 있었다. 이때 어느 집사님의 색소폰 연주에 은혜를 받은 후 나도 색소폰으로 찬양 드리고 싶다는 확신이 주어져 거금을 주고 악기를 구입하여 개인 레슨을 받기 시작하였다.

　음악학원에서 6개월 정도 배웠을까? 고가의 레슨비가 부담되어 염려하고 있을 즈음에 서울 송파구에 있는 어느 교회에서 문화교실을 운영한다 하여 찾아가 안내받았더니 색소폰과 트럼펫을 지도해 줄 수 있다고 하자 두 가지의 악기를 동시에 배우기를 다짐하고 등록하였다. 회사에서 퇴근하면 곧장 교회에 있는 문화교실에 찾아가 악기 연습에 열중하였고, 퇴근하면 집에서도 아내의 피아노 반주에 맞춰 피곤함을 뒤로 한 채 악기 연습에 푹 빠져 있었다.

　아쉽게도 큰 교회답지 않게 주차장이 비좁아 레슨을 받고 있는 순간에도 늘 마음이 편하지 않았다. 거리에 주차해 놓으면 구청에서 파견한 제

복 입은 여직원들에 의해 여지없이 앞 유리창에 주차위반 스티커가 붙어 있을 것이라는 생각에 비좁은 주차장에 세워 놓고 자동차 열쇠는 교회 사무실에 맡겨 놓아야 했다. 이게 웬 날벼락일까? 레슨을 마치고 내려온 순간 주차장에 세워 둔 자동차가 길거리에 주차되어 있고 앞 유리창에는 잘 떼어지지 않는 주차 위반 스티커가 부착되어 마음을 편치 않게 하였다.

교회 사무실 직원이 주차 단속에도 불구하고 잠시 거리에 세워 둔 것이다. 참으로 이해할 수 없는 일이다. 나는 이 문제를 어떻게 해결해야 할 것인가를 고민하지 않을 수 없었다. 교회 사무실에 찾아가 보상해 달라고 말할까? 아니면 모른 척하고 그냥 말없이 떠날까 하는 고민 끝에 사무실에 찾아가 주차위반 스티커를 받았다는 말은 전달해 주고 싶어 조심스럽게 말했다.

'주차장에 세워 놓은 자동차가 거리에 주차되어 있어 스티커를 받았는데 어찌된 일입니까?' 하고 물었더니 직원들은 서로가 모른다는 식으로 미안하다는 말도 하지 않고 놀라지도 않아 어이가 없었지만 다음부터는 이런 일이 없도록 했으면 좋겠다는 부드러운 말로 마무리하고 빠져나왔다.

왜 나는 교회 사무실에서 보상도 받지 못하고 바보처럼 나왔을까? 교회 측으로부터 피해를 입었으니 보상도 받아야 하고 다음부터는 조심하라고 큰소리를 쳐야 되지 않았을까? 교회 직원들로 인하여 피해를 보았으니 책임을 묻는 것이 당연하지 않을까?

만약 교회가 아니었다면 악착같이 보상을 받기 위해 싸웠을 것이고 주인의 허락도 없이 주차된 차를 옮겨 놓아 피해를 보았다며 책임을 물었을 것이다. 그러나 신앙인으로서 교회에게 책임을 전가할 수 없다는 양심의 가책을 받았다. 오히려 교회에 미안했고 교회와 다투고 싶은 마음이 없었으며 비좁은 주차장을 가진 교회에 조금도 원망하지 않았다. 내가 기독교인이라서 그랬을까?

언젠가 알고 지내는 지인의 부모님이 한순간에 교통사고를 당해 두 분이 세상을 떠나는 불행한 사고가 있었다. 경운기를 타고 새벽예배를 가는데 뒤에 달려오던 트럭이 경운기와 추돌하여 동시에 두 분이 사망한 사고였다. 새벽예배만 아니었으면 불행이 닥쳐오지 않았을 것이다. 하지만 자녀들은 교회와 새벽예배를 조금도 원망하지 않았다.

목회 6년 차가 지나고 있을 때 교회가 안정되었고 교우들의 모습도 행복하여 즐겁게 신앙생활을 하고 있었다. 식당이 없어서 빈 공간에 천막을 치고 여름에는 더위에, 겨울에는 추위에 몸살을 겪어야 했지만 신앙생활의 즐거움은 이때가 최고였음이 느껴진다.

그러나 교회는 불안전한 사람들이 모이는 곳이기에 우여곡절이 있기 마련이다. 성실하고 차분하게 보였던 모범적인 한 집사가 등록 1년 만에 갑자기 예배자리에 보이지 않았다. 아무리 생각해도 특별한 이유가 없었다. 교우들과의 관계나 교회를 바라보는 관점이 매우 긍정적인 사람이라서 의심 가는 부분이 없었다.

아뿔싸, 알고 보니 교회에 오다가 가벼운 접촉사고가 나서 앞으로 교회에 가기 싫다는 소문이 들려왔다. 어떤 사고인지를 알아본 결과 운전하다가 교회건물 벽에 부딪혀 범퍼에 가벼운 스크래치가 있었다는 것이다. 한마디로 교회를 가다 그랬으니 앞으로 안 나가겠다는 것이다. 이것이 교회를 떠나는 이유가 될까?

성도의 수가 많든지 적든지 교회가 크든지 작든지 목회를 하다 보면 정말 다양한 경험을 해 볼 것이다. 차마 역겨울 정도로 표현하지 못할 사건과 사고들이 즐비하다는 점에서 목회는 성령의 힘이 아니고서는 할 수 없다는 것을 실감한다.

목회자는 어떠한 이유로 성도가 실족하면 심방해야 하는 것이 의무이다. 성도 중 경미한 사고로 인해 교회에 나오지 못하자 심방을 하였다. 심방한 결과는 **'사업이 잘 안 되어 아무것도 들어오지 않습니다.', '힘이 없고 정신이 없는데 교회에 가겠습니까?'** 이것이 심방 중에 들은 내용이다. 나름대로 힘든 사정이 있었기에 어처구니없는 말을 목사에게 하지 않았을까? 장사가 잘되고 기분이 좋을 때만 교회에 가는 것이 아니다. 사정은 있겠지만 믿는 사람이라면 다른 방법으로 얼마든지 극복하고 표현할 수 있었을 것이다.

이미 마음이 떠나 버린 성도를 다시 교회로 인도하는 것처럼 어려운 일도 없을 것이다. 권면해서 되돌아오는 사람이 있지만 권면해도 귀를 닫아 버리는 사람도 있다. 심방 중에 권면해도 마음이 열리지 않는 것을 감지하고 이렇게 말했다. **'힘이 들수록 하나님께 돌아가십시오. 정신이 들도록 교회에 나가 기도하십시오.'** 성도와 마지막 작별임을 인식하면서 위로의 마음으로 식사 대접까지 하고 돌아왔다.

신앙생활을 하다 보면 불평이 많아 교회와 목회자를 원망하는 사람들이 있다. 출애굽한 이스라엘 백성들이 그랬다. 광야에 인도된 그곳을 원망하였다. 물과 먹을 것이 풍족하지 못해 광야보다 애굽이 좋다며 우리가 한 지휘관을 세우고 애굽으로 돌아가자고 지도자 모세와 아론을 원망했다(민 14:2-4).

그들이 노예생활을 벗어 던졌지만 행복하지 못했던 이유는 여전히 과거에 집착하고 있었다. 마이너스 인생에서 플러스 인생으로 바꾸시려는 하나님의 의도를 전혀 몰라 인도된 그 자리를 회피하고 속히 떠나 버리고 싶었다.

광야는 좋은 환경이 아니다. 애굽보다 더 열악한 환경이기에 손해 본 출애굽이라고 생각했을 것이다. 마치 교회를 다니면 손해 보는 것처럼 느껴지는 경우도 있을 것이다. 광야와 같은 교회, 그러나 광야는 젖과 꿀이 흐르는 가나안으로 들어가기 위한 첫 관문이기에 피할 수 없는 장소였다.

우리도 마찬가지다. 말씀을 듣지 못하고 교회를 회피하면서 천국에 입성할 수 있을까? 그 당시 광야는 기도하는 곳이요 하나님의 시작을 알리는 곳이었다. 깨끗한 그릇으로 쓰임 받도록 준비하는 곳이며 그들의 고집과 자아를 버리고 하나님의 인도하심을 기다리는 곳이었다. 당신도 지금 광야에 머물고 있다는 것을 잊지 말아야 할 것이다.

"그들 가운데 어떤 사람들이 원망하다가 멸망시키는 자에게 멸망하였나니 너희는 그들과 같이 원망하지 말라" 고전 10:10.

8.
목회자의 흔한 실수 때문에

교회가 개척되어 이미 실패하여 사라졌거나, 아니면 성장할 수 있는 기회가 있었으나 결정적인 이유로 성장하지 못하고 있는 교회들도 있다. 교회를 떠나는 성도만 탓할 것이 아니라 교회를 떠나게 하는 목회자의 모습도 바라볼 수 있어야 한다.

[사례 1]

교회 성장이 멈추는 첫 번째의 예로 로스앤젤레스 한인타운 안에서 위치적으로 제일 좋다는 장소에 개척한 교회를 소개하겠다. 개척자는 젊고 의욕이 있어 교인들과 가정에서 성경공부를 하다가 성도 20여 명과 풀타임 사역자와 함께 교회를 개척하였다.

이 개척자가 실패한 첫 번째의 원인을 분석해 보면 부부가 함께 소명을 받지 않았다는 것이다. 물론 말이 많은 배우자 때문에 곤욕을 치르는 교회도 있다고 하지만 배우자가 없는 개척은 실패의 지름길이라 경고한다. 명성훈은 『교회개척의 원리와 전략』이란 책에서 개척자 혼자 소명을 받아서는 안 되고 가족이 함께 소명을 받아야 한다고 강조하였다(1997:78).

이 개척자의 경우에는 교회 성장에 대한 열심은 있었지만 사모의 역할을 해야 하는 배우자는 한국에서 좋은 직장을 가지고 있어 교회 개척에 참여할 수 없었다.

두 번째의 원인은 재정 문제였다. 좋은 직장을 가졌다고 하는 배우자는 남편이 하고 있는 교회 개척에 실제적인 도움을 주지 못하였다. 좋은 장소로 인한 높은 임대료와 풀타임 사역자의 사례비도 작은 교회로서의 재정으로는 감당하지 못하여 개척 1년 만에 교회의 문을 닫아야 했다. 처음에 성경공부로 시작하여 많은 핵심멤버들을 구성하는 것까지는 좋았지만 재정적인 어려운 문제와 사모의 부재로 목회자가 사역을 포기하는 소명감 없는 모습을 보여 준 사례다.

[사례 2]

한인들이 많이 살고 있는 로스앤젤레스 인근의 글렌데일(Glendale)이라는 도시에서 10여 년 목회를 하고 있는 개척자의 사례다. 그는 보수적인 신학교에서 공부한 사람이라 자처하면서 삶도 역시 보수를 강조하며 깨끗하고 신실한 목회를 지향하는 개척자라고 주변 사람들은 입을 모아 말한다. 그러나 15년 가까이 목회를 하는 도중 여러 가지의 문제로 100여 명의 성도가 10여 명의 성도로 감소한 결과를 가져왔다.

이 개척자가 실패하고 있는 원인을 분석해 보면 지혜로운 자 같으나 지혜롭지 못한 개척자였다. 이 개척자가 소유한 고급 자동차와 여러 가지의 사치스러운 모습을 보고 떠나 버린 성도들이 대부분이다. 그는 누군가가 기부한 것이라 변명하지만 교회 형편과 사정을 이해하지 못하고 유명 브랜드와 고급만 찾는 지혜롭지 못한 개척자임을 알 수 있다.

김청수의『목사의 적 목회의 적 2: 그 교회를 떠난 사람들의 이야기』란 책에서 교회 사정도 모르고 고급 승용차를 타고 다니는 '목사의 사치'에 대해 다음과 같이 말하였다. **'혹 성도들보다 더 잘살 수 있는 조건일지라도 겸허하게 사십시오. 가난하게 사는 것이 성도들의 마음을 편하게 하기 때문입니다. 요즘 어떤 목사들은 자기가 잘사는 것을 성도들에게 보여줌으로 성공적인 목사라는 인상을 심어 주려고 하지만 그런 행동들은 성도들에게 거리감만 느끼게 할 뿐입니다'(2005:363).**

자기 집 한 칸도 없는 부동산 중개업자가 고급 자동차를 타고 다녀야 성공한 사람처럼 보이고, 허황된 꿈을 이룰 수 있다며 피라미드 영업 사원이 고객들에게 성공한 사람으로 보이기 위해 고급 승용차를 타고 다니는 사회의 풍조처럼, 성공한 목회자로 보이기 위한 사치스러운 한 가지의 이유만으로 자신도 모르게 실패를 향해 달려가고 있는 사례다.

[사례 3]

17년 전, 로스앤젤레스 인근 세리토스(Cerritos)에서 개척된 교회로 꾸준한 성장을 보이고 있었다. 그는 개척 초기에 많은 동역자가 있어 순조롭게 성장할 수 있는 환경과 여건을 갖춘 목회자로서 중형교회 이상으로 성장을 가져올 수 있었던 좋은 모델이었다. 그러나 이 개척자가 중형교회 이상으로 성장할 수 없었던 이유를 보면 세 가지의 문제를 가지고 있었다.

첫째, 화를 참지 못하였다. "분을 쉽게 내는 자는 다툼을 일으켜도 노하기를 더디하는 자는 시비를 그치게 한다"(잠 15:18)는 말씀을 잊고 있었다. 교회 건물을 구입하여 새 성전으로 이전하기로 계획 중일 때에 작정하였던 건축헌금을 내지 않겠다는 교인과 목사와의 언쟁이 건축 위원회 회의 중에 있었던 것이다. 성도들 앞에서 한 번의 분노 때문에 3분의 1 정도의 성도가 교회를 떠나는 큰 환란을 겪어야 했다.

둘째, 개척자의 우유부단한 성격이 교역자들과 교우들에게 큰 혼란을 주고 있었다.

그는 매사에 기분대로 결정하였고 했던 말을 기억하지 못하며 계획성이 없는 즉석 목회를 하였다. 예를 들면 기존 반주자의 의사와는 상관없이 반주자가 쉽게 교체되고, 예고 없이 또 다른 찬양인도자가 찬양을 준비하고 있어 기존 찬양인도자가 당황하고 있었다. 이처럼 자기 기분과 상황에 따라 쉽게 변화되는 성격의 소유자이다.

셋째, 이성 문제다. 300여 명이 넘었던 성도가 이제는 50여 명의 성도만 남게 된 가장 큰 이유다. 이 개척자는 삶에서만큼은 정직하게 생활하는 것으로 성도들에게 평가받았지만 지속되었던 이성 문제가 발각되어 많은 성도들이 이중적인 삶의 회의를 느끼고 성도들이 교회를 떠난 동기가 되었다.

"이기기를 다투는 자마다 모든 일에 절제하나니 그들은 썩을 승리자의 관을 얻고자 하되 우리는 썩지 아니할 것을 얻고자 하노라" 고전 9:25.

제4장

성도들이
원하는 것

목회를 잘하고 싶은 마음으로 교회를 개척하였지만 막상 단독목회를 해 보니 어떤 사회조직보다 어렵고 간단한 문제가 아니어서 참으로 힘들게 느껴진다. 그러나 한편으로는 목회처럼 즐겁고 행복한 일도 없을 것이다. 목회자는 교인들이 시험에 들 때 가장 힘들고 교인들이 말씀으로 변화된 삶을 살 때 가장 기쁘고 행복하다.

뿐만 아니라 교우들도 목회자에게 원하는 바가 있다. 그 바람은 세상적이지 않아야 한다. 그래서 목회는 하나님과 나, 그리고 교우들과 바른 관계를 맺어야 한다. 가장 어려운 것이 있다면 사람과의 관계가 아닐까? 과연 교우들이 목회자에게 원하는 것은 무엇일까?

1.
칭찬해 달라

칭찬을 받으면 자존감이 올라가고 더 많은 능력을 발휘할 수 있는 힘이 생긴다고 한다. 칭찬은 고래도 춤을 추게 할 수 있는 강력한 힘을 가지고 있다. 그 힘이 잘 적용되면 **'다음에는 더 잘해야지.'** 하지만 잘못 사용되면 **'이 일은 나밖에 할 수 없어.'** 하고 교만해지기도 한다.

그래서 칭찬은 적당히 하고 과장된 칭찬은 독이 될 수도 있다. 물론 칭찬받으면 다음에는 더 잘한다는 연구결과도 있다. 하지만 실제로 칭찬받으면 오히려 교만해지는 경우가 많다는 점을 조심해야 한다.

남녀노소를 막론하고 칭찬과 인정받기를 싫어하는 사람은 단 한 사람도 없을 것이다. 사람은 누구나 칭찬과 인정받기를 좋아한다. 그러나 유독 어린아이처럼 칭찬에 집착하는 사람들이 있다는 게 문제다. 칭찬받지 못하는 상황이 오면 매우 불안해하고 실패한 느낌이 들어 두려움을 가져다준다. 이러한 증상은 대인관계에 악영향을 미친다.

교회에서 봉사하는 교우들이 많다. 섬김을 받기 보다는 섬기려고 하는 교우들이 참으로 많다는 것에 감사하다. 반면에 칭찬의 말 한 마디가 없다며 토라지는 교우들도 있어 어찌할 바를 모르겠다.

요즈음 메신저로 문자를 주고받을 때에 주의하지 않으면 오해가 될 수 있어 예절을 갖추어야 한다. 누군가로부터 단체방에 뜬금없이 사적인 글이 올라와 아무도 대응하지 않았다. 그러자 얼마 후 아무도 응답이 없어서인지 단체방에서 빠져나갔다.

무의미한 사진 한 장으로 인사를 대신하자 마음이 담긴 글이 아닌 사진으로 답신하였더니 서운하다는 표정을 짓는 사람도 있다. 짧은 인사말을 전하면서 따뜻하고 다정한 긴 문장의 인사말을 듣고 싶어 하지만 똑같이 짧은 글로 대응하면 잘 삐지는 사람도 있다.

이처럼 칭찬과 격려를 받지 못하는 행동을 하면서 자신은 칭찬받기만을 원하고 따뜻한 인사만 받기 원한다면 어찌 되겠는가? 이것은 교우들 간의 교제뿐만 아니라 모든 사람과의 관계 속에서 쉽게 볼 수 있는 현상이다.

세계보건기구(WHO)는 건강이란 질병이 없거나 허약하지 않은 것만 말하는 것이 아니라 신체적, 정신적, 사회적으로 건강한 상태에 놓여 있는 것이라고 정의하고 있다. 과거에는 질병이 없는 사람을 건강한 사람이라고 했지만 오늘날에는 정신적인 건강이 매우 중요시되고 있다.

그래서 앞으로는 심리학, 상담학 전공자들은 물론 정신과 의사들이 더욱 많이 필요한 시대가 올 것이다. 건강은 좋은 체력만이 아니다. 영혼이 함께 건강해야 한다. 영혼의 건강함은 상대의 말을 잘 듣고 올바르게 해석할 수 있는 능력을 말한다.

가장 힘든 대화의 상대가 있다. 육적인 사람과 영적인 사람과의 대화이다. 생각과 가치관이 다른 사람이다. 2020년, 미국 대통령 후보들의 디베이트(Debate)를 보았는가? 미국 대통령 후보들의 선거 공약을 보면 민주당과 공화당의 공약이 일치된 부분이 없어 두 후보가 서로 물고 뜯고 싸우는 정반대의 길을 가고 있는 것을 보았다. 최고의 강대국, 발전된 민주국가에서 세계적으로 부끄러운 모습을 보여 주면서 서로 상대방을 헐뜯고 부정하는 것을 우리는 보았다. 한국의 20대 대통령 후보 토론회는 논쟁을 넘어 거친 고성을 주고받아 미국보다 더 하였다. 물론 누군가는 거짓말을 하고 있지만 토론은 부정이 아니라 자신의 정책과 방향을 국민들에게 제시하는 것이다.

상대방을 부정하고 비판하는 이유가 어디에 있을까? 상대방을 낮추고 자신이 높아져 사람들로부터 많은 표를 얻어 칭찬과 인정을 받기 위해서이다. 하지만 사람들로부터 받는 칭찬과 인정은 그때 잠시뿐이다. 신앙인은 하나님의 소리에 민감해야 한다. "보라 주 여호와께서 장차 강한 자로 임하실 것이요 친히 그의 팔로 다스리실 것이라 보라 상급이 그에게 있고 보응이 그의 앞에 있으며"(사 40:10). 상급과 보상은 하나님으로부터 받아야 한다.

성경을 보면 하나님께서 사람들에게 칭찬하는 일들이 많았다. 언제 칭찬하셨는가? 신체적인 외모도 보지 않았다. 많은 일을 해냈고 어떤 큰 사역과 연관 짓지 않았고 오직 마음과 중심을 보셨다. 달란트 비유에서도 말씀하셨다. 주인이 타국에 갈 때 종들을 불러 자기 소유를 맡기었다. 돌아와서 무엇을 보고 칭찬하였는가? "주인이 이르되 잘하였다 착한 종이여 지극히 작은 것에 충성하였으니 열 고을 권세를 차지하라"(눅 19:17)고 하였다. 칭찬을 받은 이유가 다른 것이 아니었다. 하나님의 일을 얼마나 많이 했느냐가 아니다. 하나님이 맡기신 일에 최선을 다했느냐, 안 했느냐는 것이다.

우리가 칭찬받지 못한 이유가 바로 이것이다. 섬김과 봉사는 참으로 아름다운 일이지만 자신을 위해 봉사하고 칭찬받기 위해 봉사한다. 심지어 봉사를 통해 자신을 과시하기 위해 봉사한다. 이 일은 자신밖에 할 수 없다며 위세를 부리는가 하면 그렇지 못한 사람을 무시하며 업신여긴다.

하나님을 믿는 성도들이여! 그토록 칭찬을 받고 싶으신가? 사람 앞에 칭찬받으려 애쓰지 않아도 이미 하나님이 보고 계시며 중심과 마음을 보시고 칭찬과 더불어 하늘의 상으로 준비하고 계신다. 열심히 봉사한 만큼 칭찬도 받고 싶은데 그에 미치지 못하는 경우가 있을 것이다. 이 땅에서 보상을 받지 못한 것을 가지고 하나님은 우리에게 천국의 상을 열어 주신다.

"사람에게 보이려고 그들 앞에서 너희 의를 행하지 않도록 주의하라 그리하지 아니하면 하늘에 계신 너희 아버지께 상을 받지 못하느니라 그러므로 구제할 때에 외식하는 자가 사람에게서 영광을 받으려고 회당과 거리에서 하는 것 같이 너희 앞에 나팔을 불지 말라 진실로 너희에게 이르노니 그들은 자기 상을 이미 받았느니라 너는 구제할 때에 오른손이 하는 것을 왼손이 모르게 하여 네 구제함을 은밀하게 하라 은밀한 중에 보시는 너의 아버지께서 갚으시리라"(마 6:1-4). 무조건 열심을 내는 게 중요한 것이 아니라 일의 순서와 질서를 가려내는 일이 중요하다. 교회 안에서도 어떤 것에 우선권을 두어야 하는지, 무엇을 먼저 해야 하고 무엇을 나중에 해야 할지 구분하지 못한다면 주인이 올 때 이렇게 말씀하실 것이다. "이 무익한 종을 바깥 어두운 데로 내쫓으라 거기서 슬피 울며 이를 갈리라 하니"(마 25:30).

경기도 부천에 '작은 교회'가 있었다. 교회의 이름처럼 초미니 작은 교회였다. 나는 전도사 시절 때 그곳에서 하루 동안 봉사하는 시간을 보내며 살펴본 결과 그 교회의 역할은 평일에 노인들을 대상으로 점심을 제공하는 일이었다. 예배하는 공간보다 주방이 더 크게 보였으니 예배당은 열 명 정도 앉아 있을 수 있는 매우 작은 공간이었다. 그래서인지 담임을 맡고 있는 전도사님은 노인분들에게 **주일이 되면 우리 교회로 오지 마시고 가까운 교회에 나가십시오.** 라고 광고한 모습을 보았다.

순종이 무엇이고 부흥이 무엇인가? 사람들은 칭찬받기를 원하고 자신에게 복종하라고 한다. 당신보다 내가 부흥해야 한다고 말한다. 하나님의 사람들은 칭찬받는 방법이 다르다. 누가 칭찬받을 수 있을까? 첫째는 하나님을 사랑하라고 했듯이 우선순위가 분명한 사람이다. 사람의 제일 되는 목적은 하나님을 영화롭게 하는 것에 있다고 했는데 우선순위가 하나님의 일이었는가? 내가, 그리고 우리가 부흥하는 것이 아니라 하나님이 부흥하는 것이다. 우리의 우선순위는 먼저 그의 나라와 의를 구하는 것이다(마 6:33).

우선순위가 잘못되어 열심은 내지만 잘못된 봉사로 인하여 눈살을 찌푸리는 경우가 있다. 봉사나 구제가 나쁜 것이 아니다. 마르다와 마리아의 가정을 심방하신 예수님은 하나님 말씀을 제쳐 놓고 접대 준비에 분주한 마르다를 지적하면서 마리아는 좋은 쪽을 택하였다며 먼저 기도하는 일과 말씀 사역에 힘쓰라고 하셨다(눅 10:41-42). 물 한 잔을 대접하고 칭찬받는 사람이 있는가 하면 금덩어리를 바쳐도 칭찬받지 못한 사람이 있다. 자신의 행실을 돌아보아 나의 섬김과 봉사가 주님 앞에 인정받고 있는지 살펴보기를 바란다.

"이로써 그리스도를 섬기는 자는 하나님을 기쁘시게 하며 사람에게도
칭찬을 받느니라" 롬 14:18.

2.
인정해 달라

　인정은 칭찬보다 더 깊은 의미가 있다. 대부분의 사람들은 인정받기를 좋아한다. 그래서인지 이런 말도 있다. **'아이들은 인정해 달라고 울고 어른들은 인정받기 위해 죽는다.'** 인격체인 사람이 인정받지 못하면 아무리 먹어도 배부르지 않고 아무리 많은 사랑을 나누어도 즐겁지 않아 외로움만 더해 간다. 누군가에게 인정받는다는 것은 힘을 쏟게 하는 묘약과도 같다.

　하나님을 믿는 사람들은 삶의 방식이 좀 다르다. 사람들에게 인정받기 위해 너무 많은 칭찬을 기대하지 말아야 한다. 무슨 일을 하든지 사람에게 인정받기 위함이 아니라 먼저 하나님을 의식하게 되면 하나님뿐만 아니라 사람에게도 인정받을 수 있는 것이다. "무슨 일을 하든지 마음을 다하여 주께 하듯 하고 사람에게 하듯 하지 말라"(골 3:23)고 했다.

　그리스도인은 하나님께 먼저 인정받을 수 있어야 한다. 하나님 앞에 봉사하고자 하는 동기와 태도가 중요하다. 세상 사람들은 사람의 눈을 의식하며 사람의 시선에 신경을 쓰고 눈치를 보는 경향이 많다. 특히 우리 한민족은 체면문화를 중시하는 영향을 받아 옷을 입을 때에도 **'사람**

들이 나를 어떻게 볼까?', '사람들이 나를 어떻게 생각할까?' 하는 고민들이 많다. 그래서 사람들의 눈에 잘 보이고 사람의 비위를 맞추려고 하는 것이 뚜렷하다. 그러나 하나님의 종들은 사람의 눈치보다 언제나 하나님을 의식해야 한다.

어느 공동체든 봉사와 섬김의 은사를 가진 사람들이 있다. 주의를 둘러보아라. 그들이 어떤 모습으로 봉사하고 있는가? 봉사란 목회자를 돕거나 사람들의 비위를 맞추기 위함이 아니다. 봉사자는 교회의 조직이나 어떤 프로그램을 성공적으로 완수하기 위함이 아니다.

교회에서 어떤 봉사의 직분을 맡기면 두 부류의 사람들로 나뉘어질 것이다. 직분을 받았으니 할 수 없이 억지로 봉사하는 사람이 있고, *'어떻게 나 같은 사람이 이 같은 일을 할 수 있겠는가?'* 하고 기쁨으로 하는 사람이 있다. 하나님이 보시고 기뻐하는 사람들이 있다. 누구이겠는가? "너희 중에 있는 하나님의 양 무리를 치되 억지로 하지 말고 하나님의 뜻을 따라 자원함으로 하며 더러운 이득을 위하여 하지 말고 기꺼이 하며"(벧전 5:2). 하나님께서는 자원함으로 기쁘게 하는 사람을 좋아하신다. 억지로 하는 봉사는 봉사의 의미를 잃은 것이다. 또한 봉사는 책임감 때문에 하는 경우도 있지만 이것은 봉사의 자세가 아니다. 봉사를 두려운 마음과 조심스럽게 해야 함을 일깨워 주는 말씀이다.

주방봉사를 잘하는 교우가 있었다. 그녀는 예배를 마치고 식탁교제를 위해 점심을 준비하는 수고를 아끼지 않았다. 그럴 때마다 목사에게 전화해서 이번 주일은 어떤 반찬을 준비해 가겠다고 말한다. 사모가 있는데도 굳이 목사에게 전화를 하는 심리가 무엇일까?

이뿐만 아니다. 강대상에 올려 놓을 화분을 배달시켜 놓고 목사에게 전화해서 교회 문이 언제 열리냐고 묻는다. 다른 교우들이 교회 안에 있다는 것을 알면서도 말이다. 이번 달에는 장사가 안 되었지만 하나님께 십일조를 드리기 위해 미리 떼어 놓았다고 목사에게 전화하는 이유는 또 무엇일까? 목회자와 사람들에게 잘 보이려고 하는 행위가 과연 진정한 봉사이고 섬김일까? 결국은 목사에게 칭찬받고 싶고 인정받고 싶다는 것이다.

봉사의 자세를 조금만 바꾸면 얼마나 귀하고 보배로운 성도일까? 참으로 아쉽다. 나의 가치는 하나님이 이미 천하보다 귀하다며 인정해 주셨다. 나 자신이 사람들로부터 인정받기보다는 하나님을 먼저 인정하며 사는 것처럼 큰 능력은 없다. 무엇을 하든지 사람에게 하듯 하지 않고 주께 하듯 했다면 이미 하나님께서 그의 수고를 칭찬하고 인정하신 것이다.

성공적인 삶이 사람들에게 인정받는 삶이라고 생각한다. 그러나 그보다 더 귀한 것은 하나님으로부터 인정받는 삶이다. 노아는 당대에서 하나님으로부터 의인이라고 인정받았고 에녹은 하나님과 동행한 자라 인정받았다. 이들의 공통점은 자신의 인격과 가치를 인정해 달라고 열심히 살았던 모습이 아니라 먼저 하나님의 존재 가치를 인정하였다.

하나님은 이미 우리를 인정해 주셨다. 하나님은 인간을 자신의 동역자로 세우시고 하신 말씀이 "너를 축복하는 자에게는 내가 복을 내리고 너를 저주하는 자에게는 내가 저주하리니 땅의 모든 족속이 너로 말미암아 복을 얻을 것이라 하신지라"(창 12:3). 이처럼 하나님께서 이미 우리를 축복하시며 인정해 주셨기에 소요리문답에서 말하는 바와 같이 '**인간의 목적은 하나님을 영화롭게 하는 것과 영원토록 그를 즐거워하는 것**'이 아니겠는가?

우리는 착각하며 생활할 때가 많다. 선한 일을 한다고 해서 주님 일을 하는 것으로 착각을 한다. 선행을 베푼다고 해서 구원에 이른다고 생각한다. 예수님 앞에 찾아온 부자 청년은 불량한 청년이 아니었다. 사회적 윤리나 도덕성이 뛰어난 엘리트 청년이었다. 가정에서도 효자로 인정받았고 더군다나 부자였다고 하니 경제적인 능력까지 갖추어 많은 사람들에게 부러움의 대상이었다.

그런데 문제는 세상적으로 볼 때 완벽한 청년으로 인정받았으나 예수님께는 인정받지 못하였다. 왜 그랬을까? 세상의 가치가 머릿속에 가득하여 하나님의 존재 가치를 모르니 열심히 살았지만 참기쁨이 무엇인지를 몰랐다.

인간은 자기 스스로 빛을 내는 존재가 아니다. 신앙은 사람을 보는 것이 아니라 하나님만 바라보는 것이다. 사람의 눈치를 살피는 것이 아니라 하나님의 눈치를 살필 줄 알고 하나님의 뜻에 따라야 한다. 인간의 가치는 인간 자신의 것이 아니라 인간의 생명은 천하보다 귀하다고 선언하신 하나님께 인정받은 존재라는 점을 분명히 알아야 한다.

"사람을 두려워하면 올무에 걸리게 되거니와 여호와를 의지하는 자는 안전하리라" 잠 29:25.

3.
나와 의논하라

나는 대입 학력고사를 마치고 가출을 해 본 적이 있다. 예민한 시기에 가족들의 말투 한마디에 토라져 친구집으로 잠시 몸을 숨겼던 고3 시절이 있었다. 막내아들이 집을 나갔으니 부모님은 얼마나 마음이 어둡고 아파서 잠을 못 이루었을 것이다. 그 후 3일 만에 집에 들어가는 순간 어머니의 환한 미소와 함께 *막내야, 어서 들어오라.* 는 작은 목소리에 아들을 기다리고 있었다는 어머니의 마음을 읽을 수가 있었다.

이제는 자식을 낳아 키워 보고 목회도 해 보니 그때 어머니의 심정을 조금이나마 알 수 있었다. 목회는 자식을 낳아 키우는 것과 조금도 다를 바가 없다. 목회에서 가장 힘든 일이 있다면 교인이 시험에 들어 출석하지 않는 것이다. 성실하게 신앙생활을 해 오던 교우가 어느 순간부터 예배 자리에 나타나지 않는 것이요, 교우 간에 서로 비방하고 다투는 것이다.

성도가 시험에 드는 이유는 다른 것이 아니다. 목회자가 신학적인 문제가 있고 이단성이 있거나 설교를 못해서가 아니다. 교인 간의 문제, 목회자와의 문제 등 대부분은 사람과의 갈등에서 빚어진 결과물이다.

신년이 되면 한 해 동안 이루어질 목회계획과 교회행사를 책자에 실어 교우들에게 배부하고 절기와 각종 행사가 계획대로 진행되어 간다. 목회계획은 담임목사가 기도하며 준비하는 것이 아니겠는가? 그런데 간혹 의도적으로 불만을 표시하며 교회행사에 반대하거나 비뚤어진 행동으로 바라보는 교우가 분명히 있을 것이다.

이들은 주보에 본인 이름이 다음 주일 예배위원에 포함되어 있으면 의도적으로 출석하지 않는다. 특히 기도 순서가 되면 핑계를 대며 교회에 나오지 않는다. 순서도 바꿔 보기도 했지만 여전히 자기 순서가 돌아오면 의도적으로 참석하지 않는다. 그것만이 아니다. 야외예배나 수련회를 계획하여 의논하게 되면 분위기가 산란해진다. 공원으로 가자고 하면 바다로 가자는 등 자신의 의견을 말하고 의견대로 안 되면 토라지기 십상이다.

매사에 목사의 의견에 불만족스럽다며 우선 반대하고 본다. 그것은 목사의 계획이지 먼저 나와 의논하지 않았다고 시위하고 있는 것이다. 어떻게 하면 목회자의 마음을 아프게 하는지를 정확히 알고 있는 사람이었다. 부모의 마음을 아프게 하는 방법이 무엇이었는가? 짜증을 내며 집을 나간다. 차려 준 밥상 앞에서 밥을 먹지 않는다. 그래서 군인은 이유 없이 식사를 거부하면 지시불이행으로 영창에 들어갈 수 있다.

가장 어리석은 성도는 목사와 갈등을 만들어 가는 사람이다. 목회자와 갈등으로 신앙생활의 즐거움은 물론 어떻게 은혜를 받을 수 있겠는가? 갈등은 영적 성장에 있어서 최고의 적이다. *'절이 싫으면 중이 떠나면 된다.'*는 속담이 있다. 교회가 싫으면 목사이든, 성도이든, 어떤 사람이든 조용히 떠나면 된다. 하나님의 몸된 교회를 위해서다. 화목한 교회가 나로 인하여 더 이상 교회가 어수선한 일이 없어야 하기 때문이다. 그렇다면 성도는 네 마음을 다하며 목숨을 다하며 힘을 다하며 뜻을 다하여 주 너의 하나님을 사랑하고 또한 네 이웃을 네 자신 같이 사랑하기를 노력해야 한다(눅 10:27).

목회의 방향과 계획, 그리고 교회행사를 자신과 의논하지 않아 비뚤어진 마음으로 시선을 바라보는 교인들이 있는가? 그들의 모습을 보자. 소위 교회에서 영향력을 행사하는 교인일 것이 분명하다. 봉사는 물론 헌금생활도 잘할 것이다. 때로는 목사나 교우들에게 접대를 잘하고 앞에서 나서는 일을 좋아할 것이다. 이런 교인이 있다면 각별히 주의해야 한다. 앞에서는 천사처럼 말하지만 뒤에서는 목사와 사모를 흠집 내는 역할을 담당하기도 한다. 사람은 믿을 대상이 아니라고 하지 않았던가? 시편에서도 다윗은 이렇게 노래한다. "나의 영혼이 잠잠히 하나님만 바람이여 나의 구원이 그에게서 나오는도다"(62:1).

예수님은 처음에는 가룟 유다에게 배신을 당했고 베드로에게도 배신을 당했다. 그들이 누구인가? 제자들 중에 가장 똑똑한 사람을 선택하여 재정을 맡긴 가룟 유다였다. 주님만 믿고 따르겠다고 큰소리쳤던 베드로였다. 함께 웃고 함께 울었던 친구와 같은 사람들이었다. 배신은 항상 아름다운 위선의 옷을 입고 다가오다가 뒤돌아서는 상대에게 치명적인 충격과 정신적인 타격을 주는 악중의 악이다.

목회는 관계다. 하나님과의 관계, 다양한 모습을 지닌 교인들과의 관계다. 교회는 천사와 같은 의인들만 모이는 곳이 아니다. 영적인 사람이 있는가 하면 비상식적인 사람들도 있기 마련이다. 힘들게 하는 한두 명의 교인 때문에 목회자는 탈진하게 되고 교회 성장에 방해가 된다.

특히 목회현장에서 교인을 지나치게 믿다가 치명적인 상처를 입고 배신을 당한 목회자가 적지 않다. 또한 목회자를 신뢰하다가 결정적인 이유로 상처를 받은 교인들도 있다. 목회자가 교인을 의지하고 교인은 목회자를 의지하며 신앙생활을 하는 것은 특히 이민교회와 이민사회에 긍정적인 영향을 주기도 한다. 백지장도 맞들면 낫다고 했는데 서로 의지하는 게 나쁜 것이 아니다. 그러나 항상 그사이에는 하나님이 함께하셔야 한다. 오직 의지하고 의논할 대상은 하나님뿐이라는 것을 명심해야 한다.

"의논이 없으면 경영이 무너지고 지략이 많으면 경영이 성립하느니라"
잠 15:22.

4.
대충 합시다

신학교를 다닐 때에 학교 표어가 "진리가 너희를 자유롭게 하리라"(요 8:32)였다. 진정한 자유가 무엇일까? 자기 마음대로 살아간다 해서 자유인이 아니다. 현실에 적응하지 못하고 마약과 술과 도박으로 일어서지 못하는 사람들을 쉽게 만날 수 있다. 강대국이라는 미국에서 가장 많은 노숙자가 있는 도시는 뉴욕과 로스앤젤레스다. 일할 수 있는 건강한 사람들이 노숙자로 살아가는 모습을 볼 때 참으로 안타깝다. 그들에게도 건강과 시간과 자유가 있지만 목표와 계획이 없어 끝내는 정신적인 문제까지 찾아오게 되어 결국은 희망도 없이 길거리를 맴돌고 있다.

적지 않은 사람들이 교회를 다니고 예수님을 믿으면 자유가 없다고 말한다. 교회를 다니게 되면 교회의 시간표에 적지 않은 영향을 받기 때문이다. 예수님을 믿는다고 하면서 교회를 멀리할 수 있겠는가? 진정한 자유를 누리기 위해서는 세상의 끈이 아닌 하나님과 연결되는 끈을 붙잡아야 한다. "나는 포도나무요 너희는 가지라"(요 15:5). 나무에 연결되지 못한 가지는 열매를 맺을 수 없듯이 우리가 주님과 연결될 때 풍성한 은혜와 기쁨과 자유를 누릴 수 있는 것이다.

나는 꼼꼼하고 세부적이지 않았던 나의 모습이 언젠가부터 체계적인 행정의 은사로 발달되기 시작하였다. 개척교회 목회자라면 만능이 되어야 한다고 하지 않았던가? 마음이 무너지면 몸이 무너지는 것처럼 아무리 작은 교회라 할지라도 행정이 무너지면 교회가 무너지게 된다는 것을 알고 교회 행정에 대해 무척이나 신경을 쓰지 않을 수 없었다.

그래서 성도의 수를 개의치 않고 목회를 대충대충 하지 않았다. 총회법을 지키고, 노회와 교회법을 지키며 질서 있는 목회를 실천해 나갔다. 작은 교회이기에 예배에 더욱 신경이 쓰이지 않을 수 없었다. 대충대충 준비하여 예배를 드리면 더 초라하고 작아지는 심리적 부담감 때문이었다. 설교자의 복장은 물론 예배위원들의 자세와 복장까지도 단정해야 함을 요구하기도 하였다. 뿐만 아니라 미리 주보에 예고된 예배위원이 아무 이유 없이 결석한다는 것은 도저히 용납할 수 없었다.

주일예배 대표기도 순서임에도 불구하고 아무 연락도 없이 불참하였다. 헌금위원, 안내위원, 봉헌송을 드리는 예배위원의 이름이 주보에 실려 있는데도 참석하지 않았다면 만약 당신이라면 어떻게 하였을까? 이때 예배를 인도하는 목회자는 당황할 수밖에 없다. 문제는 조금도 미안해하지 않고 반복적인 예배위원의 불참으로 목회자에게 불편한 마음을 주고 있다는 것이다. 그의 나쁜 습관은 조직적이고 체계적인 대형교회에서는 있을 수 없는 일이지만 유난히 작은 교회에서는 제멋대로 행동을 해도 괜찮다는 의식에 도무지 이해할 수 없었다.

그는 예배위원 순서만 돌아오면 고의적으로 주일예배에 출석하지 않았다. 아니면 주일 아침에서야 예배에 참석하지 못하겠다고 전화로 알리기도 한다. 다음부터는 주보에 예배위원을 올리기 전 토요일에 출석

여부를 알리라고 당부하기도 하였지만 말이 통하지 않았다.

예배위원이라면 안수받은 집사나 장로, 권사인 직분자일 것이다. 책임의식과 직분자의 사명을 잃어버린 채 자기 기분대로 살아가는 한 사람 때문에 교회의 질서가 흐트러지고 주일 아침이 되면 목회자의 마음에 혼란을 주는 주일 아침의 전화벨 소리는 반갑지 않게 들려온다.

그가 원하는 것은 대충대충 하자는 것이다. 무엇이든 자유롭게 하자는 것이다. 예배도 자유롭게, 소그룹도 자유롭게 하자는 것이다. 그가 원하는 자유는 건강한 사람들이 추구하고 있는 자유와 다르다. 인성이 무너져 자기 일 외에는 무엇이든 불성실하다. 도덕과 책임의식이 결여되어 자신밖에 모르는 성의 없고 진정성 없는 형식적인 신자일 뿐이다.

예배 중 간혹 들려오는 전화벨 소리는 그 사람의 것이다. 기도할 때 나가고 설교할 때 졸고 있는 척하며 축도할 때 살며시 주방으로 빠져나가는 꼴불견 성도이다. 소그룹에서는 천사와 같은 입술로 말하지만 그의 행동을 보면 말과 일치되는 삶의 모습을 찾아볼 수 없다. 다른 사람이 말하면 지루하다는 표현으로 고개를 숙이거나 눈을 감고 있으며 벽에 있는 시계를 바라본다. 이것은 그 사람의 문제만이 아니라 우리의 모습인지도 모른다. 불량한 태도를 방관하면 타성에 젖어 나도 모르게 계속적으로 실망스러운 행동을 표출하게 된다. 혹시 나도 그런 사람으로 변질되지 않을까 하는 두려움으로 예배에 임해야 한다.

교회를 떠나려고 마음을 먹은 성도는 태도를 보면 알 수 있다. 처음과 달리 자기 고집대로 하다가 결국은 교회를 떠나더라. 처음에는 무엇이든지 잘한다. 봉사와 헌금도, 성도 간의 친교와 목회자에 대한 예절도 갖추려는 노력이 뛰어나다. 그러나 교회를 떠나려고 마음먹은 성도는 봉사와 헌금이 줄어들고 예배에 대한 태도와 인간관계에도 금이 가고 무너지기 시작한다. 예배를 마치는 순간 쏜살같이 교회 밖으로 나가 교회의 모임을 일체 중단하기 시작하고 목사의 눈길을 피해 버린다.

목사의 눈에도 좋은 성도가 있고, 덜 좋아 보이는 성도가 있다. 그럼에도 불구하고 목회의 철학은 구원에 이르도록 성도들을 끝까지 돌보는 데 있다. 그러나 실제적인 목회현장에서는 솔직히 말해서 용서와 사랑에도 한계가 있다. 예수님이 말씀하셨다. "믿음이 없고 패역한 세대여 내가 얼마나 너희와 함께 있으며 너희에게 참으리요 네 아들을 이리로 데리고 오라 하시니"(눅 9:41). 한두 번은 참을 수 있는데 권면도 없이 끝까지 참아야 하는 것이 정말 목회일까?

베드로가 주님께 여쭈었다. "주여 형제가 내게 죄를 범하면 몇 번이나 용서하여 주리이까 일곱 번까지 하오리이까 예수께서 이르시되 네게 이르노니 일곱 번뿐 아니라 일곱 번을 일흔 번까지라도 할지니라"(마 18:21-22). 한두 번은 용서하고 사랑할 수 있겠지만 변화되지 않는 사람을 용서하고 사랑하기에는 참으로 어려운 과제가 아닐 수 없다. 특히 목사와 사모를 험담하는 성도를 보고도 참아야 하는 목회의 현실이 참으로 마음이 아프다. 이 세상에 쉬운 일은 없겠지만 관계 중심인 목회 역시 만만치 않은 사역이다.

어떤 이유에서든 성도가 교회를 떠나는 것은 목회자에게는 아픔이다. 유난히 마음을 쓰게 하는 성도가 있는가? 그를 찾아가 만나고 붙잡으라. 이것은 교회를 떠나려고 하는 성도에게 목사가 손을 쓸 수 있는 마지막 단계이며 최고의 수단이다. 필요하지 않는 사람은 없다. 이런저런 사람들이 모인 곳이 교회이기도 하다.

목사의 사명은 양을 치는 일과 양을 섬기는 일이 동시에 이루어져야 한다. 질서 없는 신앙을 바로 세우기 위해 가르치는 일과 죄 의식이 없어 예수님의 몸에 거대한 못을 박았던 로마 병사들에게 "저들을 사하여 주옵소서 자기들이 하는 것을 알지 못함이니이다"(눅 23:34)라고 기도했던 주님의 마음이 얼마나 아프셨을까? 세상을 품고자 하는 목회자들의 마음속에 주님의 위로와 함께 부족한 성도들을 위해 끊임없이 기도하는 수밖에 없다.

"소가 없으면 구유는 깨끗하려니와 소의 힘으로 얻는 것이 많으니라" 잠 14:4.

5.
이해해 달라

　사람을 처음 만나 대화를 나누다 보면 그 사람의 인격과 품성, 즉 됨됨이를 어느 정도 파악할 수 있다. 아무리 타고난 능력과 뛰어난 지식을 갖추고 있을지라도 인격이 부족하면 지성인이라 말할 수 없을 것이다.

　특히 믿음이 있다고 하는 신앙인에게 인격의 성숙함이 없다면 어찌 신앙인이라 말할 수 있겠는가? 바른 성품의 소유자일수록 자기를 알아달라고 떼를 쓰지 않는다. 타인을 가장 불편하게 만드는 사람은 자기밖에 모르고 자기만 알아달라는 사람이다.

　함께 사역하기 가장 어려웠던 사역자가 있었다. 아무 연락도 없이 공예배에 출석하지 않는 경우가 빈번하다. 기간 내에 문서를 제출하지 않거나 보고하지 않는 등 공적인 업무에 적극적이지 않아 여러 번 사역에 지장이 없도록 당부하기도 하였다. 자신이 해야 할 업무가 무엇인지를 도저히 알지 못하고 있는 사람인 것 같았다. 업무에 대해 가르쳐 주는데도 배우려는 기색도 없어 자존감이 너무 낮아 가르침을 받는 것에 대해 자존심을 느끼는 모양이다.

　한번은 참다 못하여 권면하는 마음으로 조용히 대화를 이끌어 갔다.

*'다시 한번 부탁하건대 정한 시간 내에 사역 보고를 해 달라.'*고 간절히 부탁하였다. 그리고 공예배에 참석하지 못할 이유가 있다면 사전에 연락을 취해 달라고 당부하였다. 당연한 일을 담임목사가 사역자에게 간절히 부탁한다는 것이 말이 되는가? 정말 있을 수 없는 일이다. 어렵거나 새로운 일이라면 잘 모를 수 있어 업무가 늦게 보고될 수 있다. 그러나 매주 반복적으로 해 왔던 사역이며 담임목사의 목회를 돕고 교회에서 사례를 받고 있는 전문 사역자인데 말이다.

목회를 하는 동안 가장 마음을 아프게 했던 사람 중의 한 사람이었다. 그가 말했다. *'사랑이 없고 너무 사무적이다. 내가 지금 어떤 상황인지 모르고 있느냐? 너무 정신이 없다.'*는 것이다. 자신이 처한 상황에 대해서는 평소에 아무 말도 하지 않고 업무에 충실하지도 않으면서 자신을 이해하고 알아달라는 억지의 말이 아니던가? 이것은 사역을 돕는 동역자가 아니라 오히려 사역을 방해하는 방해꾼에 불과하다. 속히 사역을 중지하고 자신을 살펴볼 수 있는 시간이 필요하다.

며칠이 지나자 다행스럽게도 스스로 사임을 하겠다는 의사를 밝혀 와 소견대로 하라고 했다. 사역을 마치는 마지막 주일에 성도들에게 인사도 하면서 마무리를 아름답게 하자고 했다. 그러나 정작 당사자는 주일 아침 교회에 나타나지 않았다.

이러한 어처구니없는 상황을 이해할 수 있겠는가? 무례하게 행동하고 질서와 규칙과 법도를 지키지 않는 자에게 서로 소통을 잘하자고 제안하는 것이 사랑이 없는 행위일까? 가장 힘들게 하는 사람이 바로 이런 사람이다. 자신의 잘못을 깨닫기보다는 상대방의 권면에 자존심이 상하고 아파하는 건강하지 못한 사람을 대할 때 어찌할 바를 모르겠다.

성경에서도 자신의 잘못을 받아들이는 인물이 있는가 하면 잘못을 인정하지 않고 끝까지 저항하는 인물이 있다. 야곱은 몹시 사랑하는 어머니와 함께 아버지를 속이고 형을 속여 장자의 자리에 올라갔다. 도덕적으로 크게 존경받을 만한 지도자의 자격은 갖추지 못하였고, 종교적으로 보아도 참된 신앙인이라 말하기도 부끄러울 정도였다.

하지만 야곱은 거듭되는 시련과 하나님과의 만남을 통해 그의 약점과 자신의 잘못을 딛고 거듭나는 변화가 있었다. 아버지와 형을 속일 수밖에 없었던 이유를 알아달라고 말하지 않았다. 자신의 처지를 이해해 달라고 말하지도 않았다. 단지 자신의 잘못을 뉘우치고 서서히 변화되어 가는 야곱의 모습이 우리에게도 반드시 필요하다.

베드로는 어떤 인물이었는가? 예수님이 붙잡혀 끌려갈 때 예수를 모른다며 세 번이나 부인하였다. 이때 예수님과 눈이 맞았다. "주께서 돌이켜 베드로를 보시니 베드로가 주의 말씀 곧 오늘 닭 울기 전에 네가 세 번 나를 부인하리라 하심이 생각나서 밖에 나가서 심히 통곡하니라"(눅 22:61-62). 사람에게는 어떤 짐승과 다르게 이성이 있고 양심의 가책이 있어야 한다.

배신으로 말할 것 같으면 베드로는 세 번 배신했고 가롯 유다는 한 번 배신하였지만 이 두 사람의 결과는 너무나 다르다. 가롯 유다의 죽음을 마태는 목매어 죽었다고 했고(마 27:5), 누가는 창자가 터져 죽었다고 기록했을 정도로 비참하게 죽었다(행 1:18). 그러나 세 번을 배신한 베드로는 천국의 열쇠를 받는 영광의 인물이 되고 말았다. 그 이유는 양심의 가책을 느껴 뜨거운 회개의 눈물이 있었기 때문이다.

회개의 과정은 두 사람이 판이하게 다른 모습이다. 가롯 유다는 예수님 앞에서 회개할 충분한 시간과 기회가 있었는데 끝까지 버티다가 기회를 놓쳐 버리고 결국에는 그 괴로움을 이기지 못해 자살을 선택하였다. 그러나 11제자들은 부활하신 주님을 만나 잘못을 회개하고 돌이켜 그들의 삶을 주님 앞에 드린 결과 오늘날까지 좋은 신앙의 모델로 기억되고 있다.

베드로를 비롯한 제자들은 실수와 허물이 많았던 연약한 우리와 같은 보통 사람들이었다. 주님을 모른다고 배신할 때도 있었고 신앙의 슬럼프가 찾아와 게으른 적도 있었다. 솔직히 말해서 마음이 불안하여 하나님도, 세상도 겸하여 섬길 때도 있었다.

죄보다 나쁜 것은 회개하지 않는 것이다. 자신의 실수를 당연하게 생각하고 이해해 달라고 한다. 나의 실수와 잘못을 이해하고 용서를 바라기 보다는 먼저 반성과 회개가 앞서야 한다. 그리스도인들은 회개하면서 살아가는 사람들이다. 회개한 사람만이 죄를 이길 수 있고 용서받을 수 있기 때문이다. 신앙의 경륜이 쌓임에 따라 성숙한 경지에 이르러야 한다. 자신만 알아달라는 개인주의, 특히 나이가 들어 갈수록 외골수가 되어 가는 것은 주변 사람들에게 흉한 모습으로 남게 된다는 점을 잊지 말아야 한다.

"너희는 스스로 조심하라 만일 네 형제가 죄를 범하거든 경고하고 회개하거든 용서하라" 눅 17:3.

6.
방문해 달라

　명절 일주일 전후로 손님들의 발길이 끊이지 않아 음식 준비로 부엌에서 일하시는 어머니의 모습을 잊을 수가 없다. 시골이라서 특히 순수하고 인정도 많아 찾아온 이웃 사람들의 웃음으로 가득하였던 어린 시절의 모습이 떠오른다. 오늘날 도시 사람들과 달리 이웃과 정을 나누며 사는 모습을 일찍이 부모님들이 보여 주신 것 같다.

　그러나 오늘날의 시골의 모습은 많이 변화되었다고 한다. 하지만 지금도 시골의 정서는 도시의 삶보다는 훨씬 마음적인 여유와 평안함이 있으리라 생각한다. 인생은 관계다. 좋은 관계가 행복을 결정하기도 한다. 누군가에게 초대받아 찾아가는 일도 즐겁지만 자기 집에 누군가를 초대하는 것은 더욱 행복한 일이 아닐 수 없다.

　마르다는 자기 동네에 방문하신 예수님을 가정에 초대하시고 음식을 준비하기 위해 분주했지만 동생 마리아는 예수님의 말씀을 듣고 있었다 (눅 10:38-39). 유대인의 지도자 니고데모는 한밤중에 예수님을 찾아가 성령으로 거듭남을 받았다(요 3:1-8). 키가 작은 삭개오는 예수님을 가정에 초대하여 삶이 바뀌고 구원을 받았다. 사실 삭개오는 예수님을 자원하여 가정에 초대한 사람은 아니었다. 예수님이 강권적으로 주장하여 "삭개오야 내려오라 내가 오늘 네 집에 유하여야 하겠다"고 했다(눅 19:5).

예수님은 직접 양들을 찾아 나섰고 개인적 만남으로 하나님의 나라를 세워 나가셨다. 오늘날 심방을 부정하는 교인들이 많지만 심방을 하지 않는 목회자들도 있다는 것에 놀라지 않을 수 없다. 심방은 반드시 필요하다. 예수님이 보여 주셨듯 심방을 통해 개인들의 신앙과 가정의 영적 상태를 살피고 돌볼 수 있기 때문이다.

안식일에 예수님이 바리새인 지도자의 집에 초대받아 떡을 잡수시러 가셨다. 예수님이 그 집에 들어가 보니 수종병에 걸린 사람이 있어 고치시고 바리새인들에게 "너희 중에 누가 그 아들이나 소나 우물에 빠졌으면 안식일에라도 곧 끌어내지 않겠느냐" 하셨다(눅 14:1-5). 당시 종교 지도자들은 예수님에 대해서 호의적이지 않아 예수님에 대한 반대가 아주 심했다. 이상하게도 그런 상황에서 바리새인은 예수님을 식사에 초대하였다. 예수님을 식사 자리에 초대한 이유가 분명히 무엇인지는 알 수 없으나 바리새인들이 보는 앞에서 안식일에 병든 자를 고치셨다는 것이다.

예수님을 가정에 초대하는 마음으로 목회자와 심방대원들이 말씀을 들고 오도록 초대해야 한다. 신앙인의 75%는 심방이 필요하지만 25%는 사생활 공개가 싫다며 심방을 거부하는 것은 말씀을 거부하는 것과 다를 바가 없다. 다행히도 10명의 성도 중에 7명은 심방을 원하고 있다. 심방은 교역자와 심방대원을 가정에 초대하는 것인데 이것은 단순한 초대가 아니다. 심방을 하는 자들은 보통 사람과 다를 바가 없지만 영적인 성격이 강조되기 때문에 일반적인 방문과는 구별하고 있다. 심방은 거하게 차린 식탁의 자리가 아니라 믿음으로 살도록 격려하고 돌보는 대화의 자리다.

성도가 교회를 떠나는 이유가 설교를 못하고 심방을 안 해서가 아니다. 요즈음 설교 못하는 목회자는 드물고 심방을 싫어하는 목회자도 찾아보기 힘들다. 아무리 좋은 설교를 해도 목사와 관계가 좋지 않으면 설교 못하는 목사라고 할 것이다. 설교가 들리지 않는 이유가 바로 이것이다. 목회자와 소통이 문제되어 관계가 잘못되면 설교와는 거리가 멀어져 들리지 않고 언제 교회를 떠날까 하는 생각에 잠겨 주일이 오면 고민에 빠진다.

교회를 떠난 한 가정을 만나 대화를 나누었다. 왜 신앙생활을 중단했느냐고 물으니 봉사에 대한 부담감 때문이라고 했다. 교회만 가면 안내자가 봉사를 하라고 유도한다는 것이다. 그러한 이유로 교회에 나가지 않으면 안 된다고 권면하였지만 사실은 다른 이유가 있었던 것이다.

3주 동안 교회를 나가지 않았는데 교회에서 연락도 없었고, 비로소 4주째가 되어서 연락이 왔는데 예배당 입구에서 안내하는 권사에게 연락이 와서 기분이 나쁘다는 것이다. 왜 기분이 나빴냐고 묻자 안내하는 권사의 전화보다는 부목사 아니면 담임목사의 전화를 기다렸다고 한다. 정말 황당한 대답이었다. 목사가 아니면 상대를 하지 않겠다는 말인가? 수백 명, 수천 명이 넘는 교회에서 목사가 연락을 꼭 해야만 하는가? 적어도 목사가 자신을 다독거려 주면 교회에 나가 주겠다는 식이다. 작은 교회에서는 얼마나 더하겠는가? 자기를 불러 주고 찾아 달라 떼쓰는 어린아이와 같은 성도들이 있다.

신앙생활을 하다 보면 이유 없이 갑작스럽게 교회에 나오지 않는 성도들이 있다. 이유가 왜 없겠는가? 혼자 지치고 혼자 우울하고 혼자 토라지는 성도가 있다. 대부분은 자존감이 낮은 사람들이다. 자존감이 낮은 사람은 쓸데없이 자존심이 센 경우이며 엉뚱한 행동이나 말로 관심받고 싶어 한다. 심지어는 인사를 해도 받지 않고 식사할 때는 입맛이 없다며 거르기도 한다. 일부러 예배시간에 졸고 있는 척하고 목사의 눈을 피하기도 한다.

유 권사는 반복되는 일이지만 또다시 몇 주를 교회에 나오지 않아 전화를 하면 받지도 않고 리턴콜도 해 주지 않는다. 목사의 마음을 아프게 하려고 의도적이라는 것을 잘 알고 있다. 언젠가는 한두 번의 전화벨 소리가 들리다가 멈추어 확인해 보니 유 권사의 전화였다. 바로 유 권사에게 전화를 하여 물었더니 전화하지 않았다고 시치미 뗀 적이 한두 번이 아니었다.

유 권사가 목사나 사모의 전화를 기다리고 있는 중이라는 것을 직감적으로 알았다. 몇 주를 교회에 나가지 않았으니 자신에게 전화를 하고 방문해 달라는 것이다. 그러면 생각해 보고 교회에 나가 주겠다는 식이다. 이것은 미국 속의 한인 이민목회의 실상 중의 하나다.

처음에는 전화도 하고 심방도 자주 다녔다. 뒤늦게나마 알았으니 다행이다. 목사가 전화하면 *'그러면 그렇지. 목사가 먼저 전화해야지.'* 목사와 사모가 심방하면 *'역시 교회에 나가지 않으니 목사와 사모가 심방 오는구나.'* 하는 생각을 알아채고 말았다. 유 권사는 마치 목사 길들이기 프로젝트를 준비하는 것처럼 보였다. 참으로 복받지 못하는 행동을 자처하고 있다는 그 영혼이 불쌍하고 안쓰럽기도 하였다.

만나면 만날수록 예쁘고 매력적으로 느껴지는 사람이 있다. 첫인상은 별로인데 만날수록 좋아지는 사람이 있다. 그러나 반면에 만날수록 비호감을 주는 사람도 있다. 누구나 한 번쯤은 경험해 보았을 것이다. 작은 교회일수록 한 사람 때문에 공동체가 흔들리는 경우가 있다. 한 사람 때문에 지쳐 탈진하는 목회자도 있다.

불신자가 전도되어 교회에 출석하고 믿음이 자라도록 지도해 주는 사람이 목회자다. 신앙생활을 잘하기 위해서는 목회자와의 관계가 매우 중요하다. 성경에는 "가르침을 받는 자는 말씀을 가르치는 자와 모든 좋은 것을 함께 하라"고 했다(갈 6:6). 목회자의 자세는 권위를 내려놓고 성도 앞에 다가가는 것이요, 성도는 하나님이 선택하시고 세우신 주의 종을 존경하고 잘 섬겨야 한다.

목회자의 전화와 심방은 기다리고 원했지만 내가 먼저 안부 전화를 드려 보았는가? 목회자의 가정을 살펴보았는가? 목회자를 잘 섬기면 선지자의 상을 받는다고 약속하셨으니 진심으로 종의 마음으로 섬기는 자들이 되어야 하겠다.

"선지자의 이름으로 선지자를 영접하는 자는 선지자의 상을 받을 것이요 의인의 이름으로 의인을 영접하는 자는 의인의 상을 받을 것이요" 마 10:41.

제5장

목회자의
대체 방안

많은 목회자들이 하나님을 향한 열정과 의욕은 가졌지만 실제적인 목회현장에서는 참으로 답답하고 어처구니없는 일들로 견디기 힘든 아픔과 좌절을 경험하기도 한다. 성도에게 주어진 가장 큰 무기는 교회를 떠나겠다는 말이다. 이때 목사가 현명한 판단으로 성도의 마음을 처음과 같이 회복시킬 수만 있다면 신앙의 공동체를 건강하게 잘 세워 나갈 수 있을 것이다.

1.
원리, 원칙대로 하라

피터 와그너는 교회를 개척하는 것은 하늘 아래에서 복음을 전하는 가장 효과적인 방법이라고 했다. 교회 개척은 하나님의 명령이다. 교회는 하나님께서 땅 위에 세우신 신적 기관으로 예수 그리스도의 뜻을 이루고자 모인 공동체다. 교회라는 공동체는 영적 승리가 보장되어야 하기 때문에 오직 하나님으로부터 지혜를 구할 때 능력이 오는 것이다.

신학교에서 가장 많이 들었던 말은 사람을 보지 말고 하나님을 바라보라는 것이다. 교회에서 가장 많이 하는 설교도 사람 눈치 보지 말고 하나님만 보라는 것이었다. 구원은 오직 하나님께 있기 때문이다. 사람을 믿으면 실망만 안겨 준다. 백 번 잘해도 한 번 잘못하면 실망하는 것이 사람이다.

사람들에게 관심을 주지 말라는 말이 아니다. 하나님으로부터 받은 은혜를 성도들과 함께 나눌 줄도 알아야 한다. 신앙생활을 잘한다는 사람들은 하나님의 은혜를 성도들과 함께 나눌 줄 아는 사람들이다. 그런데 감사의 말보다 부정의 말을 즐기는 사람들이 있다. 은혜를 나누고 주어진 것에 감사하기보다는 없는 것에 불평하고 원망한다. 우울한 사람

옆에 있으면 함께 우울해지고 불평의 소리를 자주 들으면 듣는 사람조차도 힘들어진다.

교회는 하나님 나라의 도래를 위해 하나님께서 세우신 신적 기관이라면 교회의 지도자인 목사의 참된 지도력은 예수님으로부터 받아야 한다. 하나님의 나라는 말에 있지 않고 능력에 있다(고전 4:20). 하나님의 나라는 이기적이지 않고 온유한 사랑과 동시에 엄격한 사랑으로 이루어져야 한다. 예수님의 삶은 오직 하나님의 뜻을 행하셨고 그 말씀에 죽기까지 순종하셨다. 예수님은 마치 융통성이 없어 인간미가 조금도 없는 것처럼 느껴지지만 세리와 죄인들과 식사하는 등 대인관계가 좋으셨다.

교회는 원리, 원칙대로 해야 한다. 복음만 전하고 주님만 가르쳐야 한다. 융통성도 없는 교회가 되라는 말이 아니다. 융통성이 없다면 어찌 세리와 창녀들과 함께하며 그들을 사랑할 수 있겠는가? 교회는 사랑하기 위해서 관대해야 한다. 하지만 원칙에는 엄격해야 한다. 하나님은 우리를 온유한 사랑으로 때로는 엄격한 규칙으로 인도하신다. 사람들은 힘 있는 사람에게는 예의를 갖추며 다가가지만 힘없는 사람에게는 소홀히 대하는 경향이 있다. 큰 교회에서는 규칙을 잘 지키지만 작은 교회에서는 대충하려는 의도는 무엇인가?

오늘날의 교회교육은 실패했다고 한다. 하나님을 기쁘게 하기보다는 사람을 기쁘게 하는 교회로 변질되고 있다. 그만큼 교회 안에는 세상의 것들로 가득하여 사람이 하나님보다 위에 서 있다. 교회의 성장을 화려한 건물로 판단하고 성도의 숫자로 판단하는 오류를 아직도 범하고 있다. 교회가 크나 작으나 오로지 성장과 확장을 위해서 경쟁이나 하는 듯 혈안을 올리고 있다. 물론 교회가 성장한다는 것은 구원받은 성도의 수가 많아진다는 것을 뜻한다.

어느 주인이 한 사람에게는 다섯 달란트를, 한 사람에게는 두 달란트를, 한 사람에게는 한 달란트를 맡기고 오랜 후에 돌아와 결산하였다. 다섯 달란트를 받은 자는 다섯 달란트, 두 달란트를 받은 자는 두 달란트의 이윤을 남겼지만 한 달란트를 받은 자는 땅에 묻어 두고 주인이 오자 그대로 돌려주었는데 주인은 게으른 종이라고 책망하였다.

이때 주인은 다섯 달란트와 두 달란트의 이익을 남긴 종들에게 똑같이 칭찬하였다. "그 주인이 이르되 잘하였도다 착하고 충성된 종아 네가 적은 일에 충성하였으매 내가 많은 것을 네게 맡기리니 네 주인의 즐거움에 참여할지어다 하고"(마 25:21, 23). 그리스도인들 가운데에도 많은 일을 해야 칭찬받고 보상을 받는다는 생각이 팽배하다.

그러나 하나님의 관심은 우리가 어떤 일과 많은 일을 하는 것이 아니라 서서히 자라는 것이다. 교회가 바로 그것이다. 열심과 열정은 귀한 것이지만 잘못된 열심은 잘못된 방향으로 나아가기 십상이다. 크고 많음이 성장이 아니라 바른 모습으로 자라고 있느냐가 성장이다. 그래서 교회는 사람의 힘이 아닌 하나님이 공급하는 힘이 절대적으로 필요하다. 하나님의 힘은 혼란의 집이 아닌 질서의 집에서 나온다. 원망의 집이 아닌 기도하는 집에서 나온다.

"하나님은 무질서의 하나님이 아니시요 오직 화평의 하나님이시니라"(고전 14:33). 질서가 사라지면 혼란이 오고, 혼란이 오면 다툼과 싸움이 일어난다. 그래서 바울은 고린도교회에 하나님의 질서가 있어야 함을 강조하였다. 교회의 머리는 예수 그리스도이시며 우리는 교회의 지체임이 분명하다. 성공적인 신앙과 성공적인 교회가 되기 위해서는 분명한 원리, 원칙이 있어야 한다.

레위기에서는 우리의 신앙생활과 예배하는 방법을 가르쳐 주셨다. "너희는 내 규례와 법도를 지키라 사람이 이를 행하면 그로 말미암아 살리라 나는 여호와이니라"(18:5). 목회자는 신앙의 원칙과 질서 있는 신앙생활을 할 수 있도록 가르쳐야 한다. 어떤 상황 속에서라도 타협하거나 물러서지 말아야 한다. 그럴듯하게 다가오면서 이 정도면 괜찮다며 융통성을 가져야 한다고 속삭이는 유혹을 주의해야 한다.

젊은 세대들이 교회를 떠나는 이유도 교회가 융통성이 없어 떠난다고 한다. 교회가 억압적이고 불편하다는 것이다. 사람은 조금만 통제해도 불편을 느끼는 존재인가 보다. 신앙인들에게 질문해 보라. 한결같이 자유롭게 신앙생활하고 싶다는 말을 할 것이다. 주일성수, 헌금 등, 그리고 삶이 예배라는 틀에 갇혀 있다고 생각하니 얼마나 불편하겠는가? "너희가 내 말에 거하면 참으로 내 제자가 되고 진리를 알지니 진리가 너희를 자유롭게 하리라"(요 8:31-32). 진정한 자유는 예수님 안에서의 자유, 진리 안에서의 자유여야 한다.

성도 중에 한 분은 나에게 까칠한 목사라고 생각한다. 융통성이 없어 목회를 원리, 원칙대로 한다고 생각하기 때문이다. 교회행정이 확고부동하여 사람에 의해 좌지우지하지 않고 계획대로 밀고 가는 융통성이 없는 불도저와 같은 목사라고 여긴다. 목회는 철저한 준비와 계획적일 때 성령께서도 역사하신다. 따분하고 지루할지라도 말씀대로 가르치고자 원리, 원칙을 준수하는 목회자여야 한다. 목회를 하다 보면 겪지 말아야 할 일들이 찾아오기 마련이다. 사람의 눈치를 살피거나 세상의 융통성이 교회 안에 있을 때에는 걷잡을 수 없는 어려운 지경에 빠질 수 있기 때문에 원리, 원칙대로 하는 것이 좋다.

소위 말하기를 하나님 말씀만 고집하고 융통성이 없는 교회는 성장하지 못한다고 말하는 사람도 있다. 성경 이야기만 하면 고리타분한 설교, 시대에 뒤처진 설교자라고 비웃을지도 모른다. 그럴수록 더욱 목회자는 원리, 원칙을 주장해야 한다.

하나님에 대한 지식이 없고 하나님 말씀을 잊어버린 이스라엘 백성들에게 하나님은 경고하셨다. "내 백성이 지식이 없으므로 망하는도다 네가 지식을 버렸으니 나도 너를 버려 내 제사장이 되지 못하게 할 것이요 네가 네 하나님의 율법을 잊었으니 나도 네 자녀들을 잊어버리리라"(호 4:6). 그래서 호세아는 이렇게 말했다. "그러므로 우리가 여호와를 알자 힘써 여호와를 알자 그의 나타나심은 새벽 빛같이 어김없나니 비와 같이, 땅을 적시는 늦은 비와 같이 우리에게 임하시리라 하니라"(6:3).

오늘날 우리는 넘쳐 흐르는 지식과 정보 속에 살고 있다. 그러나 거짓과 가짜 뉴스가 판을 치는 세상 속에 분별력과 판단력이 더욱 필요할 때다. 무엇을 선택하고 누구와 함께하는가에 따라 인생이 달라진다. 그렇다면 무엇보다 하나님을 가까이함이 내게 복임을 알아야 한다(시 73:28).

"나는 포도나무요 너희는 가지니 저가 내 안에, 내가 저 안에 있으면 이 사람은 과실을 많이 맺나니 나를 떠나서는 너희가 아무것도 할 수 없음이라" 요 15:5.

2.
목사답게 하라

교회라는 공동체를 리더하고 있는 목회자의 심정은 어떤지 궁금하지 않은가? 특히 미자립 교회나 작은 교회를 섬기고 있는 목회자의 심정은 교회 개척을 해 보지 않고서는 목사의 심정을 이해할 수 없을 것이다. 많은 사역자들이 사역을 포기하고 싶었던 생각을 한두 번쯤은 가져 보았을 것이다.

목회를 그만두는 진짜 이유가 있다. 사역에 대한 실패에서 오는 부담감이 아니다. 목회자의 외로움이나 어떤 도덕적 실패, 재정적이 압박도 사역을 그만두게 하는 요인이 되겠지만 목회자가 탈진하는 이유는 바로 사람 때문이다. 천사와 같은 성도들만 모이면 교회가 얼마나 아름답고 행복할까? 탈도 많고 문제가 많은 성도를 언제까지 참아주고 이해할 수 있겠는가? 한두 번은 목사가 참는다 할지라도 일흔 번씩 열두 번이라도 용서하라는 말씀이 와닿지 않을 수도 있다.

목사의 직분은 어떤 교인들보다 더 거룩하거나 특별하고 우월하다는 것은 아니지만 분명한 것은 성도의 양육권은 목사에게 있다. 그래서 목사는 목사다워야 한다. 성경의 주제가 사랑이고, 성경을 해석하고 말씀을 선포하는 목회자라면 예수 그리스도의 사랑을 선포하고 예수 그리스도의 마음으로 성도에게 다가갈 때 진정한 사랑을 말할 수 있다.

나는 가끔 목사의 자격이 없는 자라고 느껴진다. 성도들에게 예수님의 사랑을 선포하고 그런 사랑으로 사람들을 향해 다가갔다고 생각했지만 많이 부족하였다. 용서와 화해와 인내는 말하였지만 참지 못하였고, 노하기를 더디하고 자기 마음을 다스릴 줄 알아야 한다고(잠 16:32) 설교하였지만 문제가 많은 성도를 보고 이해하지 못하는 마음속에 낙담과 절망으로 무너지기도 하였다.

하나님을 믿는 성도는 세상 사람들과 달라야 한다. 교회는 세상과 달라야 하고 예수님을 믿는 직장인은 무언가 달라야 한다. 직분자는 달라야 하고 그 양들을 인도하는 목사는 더욱 달라야 한다. 그 다름은 마음에서 오고 마음은 행동을 바꾸게 하고 좋은 행동은 좋은 결과를 가져오게 한다. 특히 교회를 리더하는 목회자의 마음은 하나님이 원하시는 방향으로 변화되어야 한다. 예수님이 가르쳐 주신 사랑은 기다리는 것이 아니라 먼저 다가가는 것이었다.

2020년 10월, 코로나19가 멈추지 않아 집에만 머물고 있는 시간이 많아졌다. 어느 날 이웃집 필리핀계 할머니가 마당에 심긴 감나무에서 감을 직접 땄다며 건네줄 때 그 안에 짧은 메모와 함께 흰 봉투가 들어 있어 무엇이냐고 물었더니 돈이라고 하였다. 놀란 표정으로 **'감은 감사히 받겠지만 돈은 받지 않겠습니다.'**고 하니 아주 오래전에 자신도 누군가로부터 돈을 받았다며 이제는 당신에게 주고 싶다고 하자 끝까지 거절할 수 없었다.

메모지에는 이런 글이 적혀 있었다. *'During this time of corona virus,*

we have to reach out for one another God bless!' 코로나 바이러스 기간 동안 우리는 서로 다가가야 하며 하나님의 축복이 있기를 바란다는 내용이었다. 알고 보니 그 할머니는 여유가 있는 사람이 아니라 매일 출장을 가서 도우미로 일하는 간병인이었다. 봉투에 들어 있는 280달러의 돈은 할머니에게 적은 돈이 아니었을 것이다. 그 돈을 자신을 위해서 유용하게 사용할 수 있는 방법은 얼마든지 많았을 것이다. 그런데 전혀 알지도 못하고 아시안 인종차별이 있는 미국 사회에서 예수님의 사랑을 받는 진한 감동을 잊을 수가 없다.

할머니의 글을 읽고 감동을 받은 동시에 나 자신이 너무나도 부끄러웠다. *'목회자라 하면서 할머니처럼 따뜻한 마음이 내게도 있는가?', '과연 이웃 사랑을 실천하고 있는가?'* 우리는 사랑하는 사람에게는 사랑하고 모르는 사람에게는 찾아가지 않는다. 그래서 주님께서 말씀하셨다. "너희가 너희를 사랑하는 자를 사랑하면 무슨 상이 있으리요 세리도 이같이 아니하느냐 또 너희가 너희 형제에게만 문안하면 남보다 더하는 것이 무엇이냐 이방인들도 이같이 아니하느냐"(마 5:46-47). 나를 사랑하는 사람을 사랑하는 것은 누구나 할 수 있으니 그런 일에 상이 있겠느냐고 하셨다. 자신의 몸을 리모델링하는 데 아깝지 않게 투자할 수 있지만 나와 상관없는 남을 위한 사랑에 얼마나 투자할 수 있겠는가?

나에게 돈을 건네준 할머니의 모습을 보고 가난한 과부가 두 렙돈을 드린 장면이 떠오른다. 두 렙돈은 미국 돈으로 1달러에 불과한 적은 돈이다. 그러나 가난한 중에서 생활비 전부를 드렸기에 부자가 드린 어떤 돈보다 값진 것이라며 예수님은 칭찬하셨다(막 12:41-44). 예수님은 마음을 보셨고 중심을 보신 것이다.

우리가 하나님으로부터 칭찬받는 이유가 무엇인가? 많은 봉사와 헌금을 잘하고 있다면 칭찬하는 줄 착각하고 있다. 많은 사역과 큰 역할을 담당하면 큰 자라 생각한다. 아무리 많은 일을 감당해도 하나님이 보시기에 좋아야 한다.

목회자의 행함이 하나님으로부터 합당한가를 아는 것이 중요하다. 하나님을 기쁘시게 하는 것은 많은 사역과 돈이 아니라 견고한 믿음이 있어야 한다. 믿음이 없이는 하나님을 기쁘시게 하지 못한다고 하였다(히 11:6). 목사라고 목사가 아니라 목사는 목사다워야 한다. 세력이 크고 많다고 힘 있는 교회, 힘 있는 목사 말고 작지만 영향력을 끼치는 교회, 낮고 작은 자로 살아가는 목사라야 한다.

"내가 그리스도를 본받는 자 된 것 같이 너희는 나를 본받는 자가 되라"
고전 11:1.

3.
떠난 성도는 빨리 잊으라

한평생 한 교회만을 섬기는 것은 쉽지 않을 것이다. 여러 가지의 사정으로 교회를 떠날 수밖에 없는 상황이 올 수 있다. 문제는 목사나 교우들과의 불편한 관계로 교회를 떠나는 경우다. 미국 이민사회의 역사를 보면 교회가 중요한 역할을 담당해 왔다. 낯선 곳에 이주하여 외롭게 살아갈 때 교회를 가야 한인들을 만날 수 있고 취업정보를 얻을 수 있으며, 마치 교회가 이민 정착과 안정을 돕는 봉사처가 되었다. 이민생활에서 교회는 교포들의 정착에 매우 중요한 역할을 담당하고 있다. 이러한 이유로 한국에서 기독교인이 아니었던 많은 이민자들에게 사회적 기능을 제공하고 있어 교회에 나가는 이유가 되기도 하였다.

오늘날 이민교회는 예전과 같지 않다. 한국에는 6만여 교회와 15만의 성직자가 있고, 북미주에는 4,000여 이상의 교회가 산재되어 있는 것으로 추정된다. 특히 한인들이 밀집되어 있는 로스앤젤레스에만 천 명 이상의 목사와 700여 교회가 있어 한국 사람 둘이 모이면 교회를 시작한다는 말이 지나치지 않을 정도로 많은 교회들이 있다. 뿐만 아니라 이미 교회도 상업화가 되어 큰 건물을 짓고 많은 교인들을 부르고 있으며, 규모가 작으면 교인들도 모이지 않고 어느새 교인들의 수와 건물을 보고 교회의 규모를 판단하기도 한다.

한국교회는 97%가 중소형의 작은 교회라고 하는데 그 기준도 천차만별이다. 한국에서 100명 이하를 작은 교회라고 한다면 미주에서 50명 이하를 작은 교회라 칭할 때 이처럼 미주의 교회 상황은 더 열악할 수밖에 없다. 10년을 목회해도 10~30명 정도의 교인을 유지하는 것만으로도 다행스러운 것이라 생각한다. 목회자의 가족이나 친지로만 구성된 교회도 많고, 자립마저 어려운 교회들도 많기 때문이다. 이러한 상황에서도 이름도 없이 영혼 구원을 위해 혼신으로 몸부림치는 작은 교회들이 많다는 것에 놀라지 않을 수 없다.

목회자에게 가장 큰 어려움은 성도가 교회를 떠나는 일이다. 교회를 떠나는 이유가 다양하지만 대부분의 성향은 뒷모습이 아름답지 못하여 회오리바람을 일으키며 훌쩍 떠나 버린다. 이런 행위는 교회의 규모가 작을수록 충격과 아픔은 크게 느껴진다.

우리 옆에 있는 이웃 교회에서는 반주자를 청빙하였는데 주일 한 번을 섬기고 그 뒤 아무 말 없이 출석하지 않고 있는 성도 때문에 마음 아파하는 목회자도 있었다. 그동안 사역자로 섬기면서 갑작스럽게 다가오는 금요일 설교를 못 하겠다며 교회를 옮기겠다는 대책 없는 교역자도 있었고, 심지어는 성도들을 불러 모아 목사와 사모를 흠집 내기 위해 거짓말을 일삼는 성도가 있으니 목회자는 끓어오르는 분노를 잘 다스리고 참아 내야만 한다.

이때 목사가 분노 조절에 실패하면 목회에 큰 영향을 가져다준다. 다양한 기질을 가지고 모인 공동체 안에서 일어나는 현상들을 일일이 대체하기보다는 말씀으로 지혜롭게 인도하고 판단할 수 있어야 한다. 목사에게 중요한 사람은 교회를 떠난 사람이 아니라 은혜를 받기 위해서 남아 있는 성도들이다. 떠난 성도들은 어서 속히 잊는 것이 좋다. 특히 아름답지 못하게 떠난 성도들을 교회 안에서 절대로 언급하지 말아야 한다.

많은 목회자들은 떠난 사람에 대한 아쉬움이 남아 있을 수 있고, 상처만 남기고 말없이 떠나 버린 사람들 때문에 남아 있는 아픔도 있다. 이로 인해 아픔을 주고 떠나 버린 사람의 모습을 보고 자기 조절에 실패한다면 남아 있는 성도들에게 좋은 모습으로 비춰지지 않는다. 오히려 떠난 성도에 대해 할 말이 있거든 좋은 말만 하고, 이보다 더 좋은 것은 아예 말하지 않는 것이 좋으며, 가장 좋은 것은 떠난 성도는 빨리 잊는 것이다.

행복한 목회자가 되기 위해 잊어야 할 세 가지가 있다. 첫째는 과거의 실수를 잊고, 둘째는 화려한 경력을 잊고, 셋째는 떠난 성도를 빨리 잊는 것이다. 반면에 챙겨야 할 것이 있다면 건강을 챙기고, 가족을 챙기고 남아 있는 성도를 챙겨야 한다. 떠난 성도는 빨리 잊을수록 좋다. 나쁜 감정일수록 빨리 잊어야 행복한 모습으로 전환될 수 있다. 감정으로 이끄는 목회를 하라는 것이 아니다. 목회는 사람의 정으로 하는 것이 아니라 하나님의 사랑으로 하는 것이다.

"형제들아 나는 아직 내가 잡은 줄로 여기지 아니하고 오직 한 일 즉 뒤에 있는 것은 잊어버리고 앞에 있는 것을 잡으려고 푯대를 향하여 그리스도 예수 안에서 하나님이 위에서 부르신 부름의 상을 위하여 달려가노라" 빌 3:13-14.

4.
정성스럽게 심방하라

2010년 8월, 로스앤젤레스에 있는 나성영락교회에서 주최하는 이민 목회자 가족 수련회에 참여하였다. 미국 남부 캘리포니아에 있는 교회의 90%가 작은 교회이기에 미자립교회에 힘을 주고 격려하기 위해 담임목사와 가족들을 초대하여 목회자 자녀들에게 장학금을 지급하였다. 당시 담임목사님이셨던 림형천목사님이 자기소개를 할 때 심방에 관한 얘기를 전하고 있었다. 교회 개척 초기에 교인이 첫 아이를 출산하였는데 담임목사로서 심방을 가야 되지 않겠는가? 심방을 하기 위해 미역국을 끓여 사모님과 함께 200마일(322km) 거리를 다녀왔다고 하니 대략 서울에서 대구까지의 거리는 되겠다.

개척교회가 아닌 중·대형교회를 담임하고 있는 목회자라면 어떻게 그런 일을 할 수 있겠느냐고 의문을 제기할 수 있겠으나 개척을 해 본 목회자라면 그 심정을 이해할 수 있을 것이다. 성도의 수가 많든지 적든지 목양을 하는 목회자라면 거리와 상관없이 정성과 사랑이 담긴 심방을 추구하고 있다.

교회 개척 2년 차를 넘기던 해에 한 가정이 등록하였다. 부인은 권사

직분으로 이전 교회에서 많은 상처와 불신을 껴안은 채 수개월을 방황하다가 이제서야 교회를 정하고 등록한 것이었다. 권사 자신은 우울증이 좋아졌다고 하지만 아직도 심각한 상황이어서 감정 기복이 심한 조울증에 가까운 현상을 보이고 있었다.

상담을 공부하였던 아내가 제안하기를 이와 같은 환자는 대화상대가 절대적으로 필요하다고 생각되니 일주일에 한 번씩 심방하자고 하여 그대로 실행하였다. 심방기록을 살펴보니 특별한 경우를 제외하고는 3년이 넘도록 거의 매주 1회 심방을 다녔다.

심방의 규칙은 빈손으로 가지 않는 것이었다. 처음에는 일하는 직원들도 있다고 해서 도넛을 사들고 갔다. 가게를 살펴보니 커피를 내릴 수 있는 커피머신도 있었지만 커피 한잔하라고 인사를 건네지 못하는 권사였다. 그래서 한번은 커피포트에 커피를 담아 가게에 심방해 본 적도 있고, 별것 아니지만 감자 요리와 때로는 고기 양념을 해서 가져가기도 하였다.

이때 권사의 반응이다. **'수십 년을 신앙생활하였지만 목사님이 반찬을 가지고 오신 분은 처음입니다.'**라고 좋아했다. 뿐만 아니라 **'겪고 있는 우울증, 조울증의 증상은 점차적으로 사라지는 듯합니다.'**라고 환한 표정으로 모든 것이 하나님의 은혜라고 선포하기도 했다.

매주 한 사람을 위해 3년 이상을 심방한다는 것이 쉬운 일일까? 복음을 위해서가 아니면 할 수 없는 일이다. 조울증의 증상은 기분 업다운이 매우 심하다. 앉았다 하면 온갖 부정의 말이다. 부정의 말조차도 일단은 들어 줘야 한다. 감정 기복이 심하여 기분이 수시로 좋아졌다가 나빠지기도 한다. 그래서 자신이 했던 말에 변덕이 심하다. 자존감이 낮아 사소한 말 한 마디에 쉽게 삐지고 토라지기 일쑤이다.

이뿐이겠는가? 빵을 사 가지고 가면 '우리 빵 안 먹는데요?' 한다. '그럼 직원들 드리세요.' 하고 응답한다. 과일을 가져가면 '과일 잘 안 먹는데요?' 한다. 감사하기보다는 먼저 거절하고 본다. 이런 불쾌한 인사를 받고 미소를 지을 수 있겠는가?

언젠가는 코스트코에 가서 권사님이 좋아하는 치킨 브리또(Chicken Burrito)를 포장해 갔다. 따뜻할 때 드시라고 방금 주문하여 가져왔다고 말하자 바라보며 살며시 웃기만 했지 '함께 먹읍시다.', '고맙습니다.'라는 짧은 인사도 없다. 대인관계에 있어서 인사할 줄 모르고 혹시나 대화를 주고받는 소통의 문제가 있는 것은 아닐까?

사실 심방의 목적은 사람을 대접하기 위함이 아니다. 심방하는 사람이나 심방을 받는 사람이 대접받는 시간, 또는 대접하는 시간으로 오해하면 안 된다. 심방의 목적은 복을 빌어 주는 것도 아니며, 특히 먹는 문제는 더더욱 아니다.

마르다 가정에 예수님이 오셨다. 그래서 마르다는 음식도 거하게 한상 차려 드리고 싶어 준비하는 일이 많아 염려하고 있을 때, 동생 마리아는 주의 발치에 앉아 그의 말씀을 듣고 있었다(눅 10:39-40). 예수님은 음식을 준비하는 일이 선하다고 생각했던 마르다에게 말씀하였다. "마르다야 마르다야 네가 많은 일로 염려하고 근심하나 몇 가지만 하든지 혹은 한 가지만이라도 족하니라 마리아는 이 좋은 편을 택하였으니 빼앗기지 아니하리라 하시니라"(41-42). 우선순위가 무엇인지를 정확히 말씀하고 있다.

그렇다면 심방의 목적이 무엇인가? 성도들의 영적 형편을 살피고 봉사의 일을 하게 하며 그리스도의 몸을 세우는 데 있다(엡 4:12). 심방은 설교보다 대화의 시간을 많이 가져야 한다. 그럼으로써 성도 개인의 영적인 형편을 살피고 교리와 잘못을 지적하며 교정할 수 있도록 인도하여 믿음으로 바르게 살도록 격려하는 것이 심방의 목적이다.

많은 사람들이 바울을 존경하고 좋아하는 이유가 있다. 그는 그리스도의 복음을 전파한 후에 도리어 버림이 될까 두려워한다고 말씀을 하고 있다(고전 9:27). 내가 다른 사람에게는 복음을 전했으나 정작 나 자신은 자격 미달이 될까 두렵다는 말씀이다. 유대인을 전도할 때는 유대 관습에 따라 고기도 먹지 않고, 이방인을 전도할 때에는 고기를 안 먹음으로 오히려 부담을 주는 것을 피했을 것이다. 이처럼 애매한 현실적인 문제에 부딪힐 때 판단 기준은 오직 하나였다. 몇 사람이라도 구원하기 위해서 약한 사람들 앞에서는 약자가 되어 그들을 얻고자 하였다(9:22).

심방을 하다 보면 문제없는 가정 없고 기도제목 없는 가정은 없다. 별거 아닌 것에 시험에 드는 성도들도 있고 목회자에게 눈물을 흘리게 하는 성도들도 있다. 성경은 왜 인내하고 용서하고 왜 절제하라고 할까? 바울은 혹시라도 자기가 전파한 복음에 장애가 되는 것이라면 모든 일에 인내하고 절제하였다. 참된 목회자라면 복음 때문에 참고 복음 때문에 용서할 수 있는 것이 아니겠는가? 보배와 같은 성도들도 있다는 것을 잊지 말아야 한다.

"오직 성령의 열매는 사랑과 희락과 화평과 오래 참음과 자비와 양선과 충성과 온유와 절제니 이같은 것을 금지할 법이 없느니라" 갈 5:22-23.

5.
행정을 잘하라

　신학대학원을 다닐 때에 '교회헌법과 행정'을 배우는 과정에서 교수님의 말씀이 생각난다. **'행정을 잘하면 교회가 조용하고 질서 있게 부흥할 수 있다.'**고 했다. 교회의 목적이 예배라면 교회행정의 목적은 교회의 성장과 성숙을 이루게 하는 것으로 하나님 안에서 하나 되기 위함이다. 목회와 행정이 무슨 상관이 있을까 하고 생각하겠지만 행정은 교회가 어떤 일을 결정할 때에 체계적인 접근방법을 가르쳐 주고 있다.

　나는 매년 새 학기가 되면 목회계획과 교회법을 책자로 만들어 성도들에게 배부하고 있다. 예배 규칙은 물론 교인의 자격과 집사, 안수집사, 권사, 장로의 자격을 분명하게 명시해 놓았다. 일부 교인들은 자격도 되지 않으면서 직분을 받고 싶은 성도들도 있기 마련이며, 다른 교회에서 이적하여 새가족으로 등록한 후 봉사의 일을 하는데 절차와 검증은 교회 규칙과 법에 따르며 기타 모든 제반 사항은 총회법을 따르고 있으니 성도들의 안정과 질서의 토대를 마련할 수 있었다.

　우리는 질서의 하나님에 대해서 깊이 묵상할 필요가 있다. 교회가 분열되고 하나 되지 못하는 가장 큰 이유는 체계적이지 못하고 합리적이지 못하여 질서가 무너졌기 때문이다. 오늘날 설교를 잘 못 해서 부흥하지 못하는 것이 아니다. 성도들이 교회를 떠나는 이유는 설교를 못해서, 설교가 나와 맞지 않아서는 핑계일 뿐이다. 아마도 행정을 못하여 성도들이 겪지 않아도 되는 갈등과 오해가 많다는 것이다.

교회처럼 다양한 사람들이 모이는 공동체가 또 어디에 있을까? 신분고하, 남녀노소를 상관하지 않고 다양한 인물들을 만날 수 있는 곳이 교회다. 나는 신앙을 갖기 전 교회에 나가지 못하는 이유가 있었다. 권사이신 어머니가 교회 가자고 권면하여 교회에 출석은 하고 있었지만 나 자신이 부끄러웠다. 교회는 정직하고 성실한 사람들이 모이는 곳, 겸손하고 믿음도 있어야 한다고 생각되어 그런 경건한 자리에 나간다는 것이 부끄러웠다.

세례를 받고 하나님의 자녀가 된다는 것도 두려워 미루었다. 목사님이 머리에 안수 기도해 줄 때가 가장 두려웠다. 기도하면 나의 속마음을 알아챌 것만 같아서 염려되고 두근거렸다. 어쨌든 내 시선에서 바라보는 교회는 엄숙하고 신선함을 느끼게 하였다.

어느 날 서리집사로 임명을 받았다. 반주로 헌신하고 있는 아내와 함께 찬양단과 찬양대에서도 열심히 봉사하며 교회의 일이라면 모든 일에 기쁨으로 섬겼던 시절이 있었다. 신앙도 깊어지자 각종 훈련과 말씀을 통해 신학교로 부르심을 받아 목사가 되고 미국으로 이주하여 다시 신학교에 입학하여 선교학을 공부하면서 교회를 개척하였다.

교회를 개척한 담임목사가 되고 보니 비로소 교회가 어떤 곳인지를 알았다. 집사로 임명을 받아 섬길 때는 좋은 성도들과 교제를 나누며 기쁨을 누렸다. 부교역자로 교회를 섬길 때는 맡겨진 일에 충성하면 된다.

하지만 담임목사는 다르다. 알곡과 가라지가 함께 자라도록 지켜보고 있어야 한다. 가라지는 뽑아 내고 싶지만 가라지를 보고도 참고 인내해야 한다. 더 나아가 한 달란트를 받았으니 두 달란트의 이윤을 내야 하는 수적인 부흥의 부담감도 있다.

즐겁게 신앙생활을 했던 과거의 모습은 교회가 그토록 경건하고 신선하지 않았던가? 지금 교회들은 생각보다 행복하지 못하다는 결론을 내릴 수 있다. 교회 성장이 교회의 목적이 되고 말았다. 지나친 성장의 욕심 때문에 오히려 세상의 짐이 되기도 하고, 거룩과 경건으로 가득하다고 생각된 교회 안에 세상의 것들로 가득하여 갈등과 다툼의 모습이 세상의 모습과 전혀 다를 바가 없다.

교회의 덕을 세우기 위해 모인 우리가 모든 일에 있어 질서 있게 해야한다. "그런즉 형제들아 어찌할까 너희가 모일 때에 각각 찬송시도 있으며 가르치는 말씀도 있으며 계시도 있으며 방언도 있으며 통역함도 있나니 모든 것을 덕을 세우기 위하여 하라"(고전 14:26). 주 안에서 모일 때마다 품위 있고 질서 있게 행하여 모든 성도들의 영적 유익을 도모하기 위해 서로 힘써야 한다.

교회에는 법과 질서가 있다. 교회의 지도자들과 제직들이 먼저 법과 질서를 잘 지켜야 한다. 교회는 직분에 따르는 강제적인 구속력과 규제가 다른 사회 기관보다 약하기 때문에 서로 조심하여 질서를 잘 지키도록 노력해야 한다. 목회자는 권위와 남용을 버리고 성도를 돌보며, 성도는 영적 지도자를 존경하는 등 서로의 직분과 권위를 존중해 주어야한다.

교회의 문제는 서로 협력하지 못하고 연합하지 못하는 데에 있다. 권징의 종류에서 시무정지가 있다. 이것은 시무를 계속하는 것이 교회에 덕이 되지 않는다고 판단될 때 유기 또는 무기로 과하는 벌이다. 교회 안에서 덕을 세우지 못하는 사람들이 있어서 질서를 바로잡고자 법적조치를 마련한 것이다. 교회 개척을 하다 보면 별일을 다 겪는다. 목회를 하면서 당면하는 어려움과 고충은 상상을 초월한다.

　70세가 넘은 여집사님 한 분이 등록하여 신앙생활을 잘하고 계셨다. 오랜 신앙생활을 하였지만 교회에 정착하지 못하고 마지못해 출석하는 상황에서 마침 우리 교회에 등록하여 마지막 후반의 인생을 살면서 신앙에 충실하고자 하는 마음으로 등록했다고 한다. 등록한 지 1년이 지나도록 봉사에 전념하자 권사직분을 받는 연세는 훨씬 지났지만 늦게나마 명예권사로 추대하는 것을 당회에서는 준비하고 있었다. 뿐만 아니라 봉사의 일을 하면서 책임의식을 갖도록 부장직에 임명하기를 결정하였다.

　얼마 후 예배를 마친 순간 성도 한 분이 찾아와서 말했다. 자격도 안 되는 사람을 명예권사로 세우고 부장직에 임명하는 이유를 묻는 것이었다. 열심히 일하는 모습에 질투심이 났던 모양이다. 여러 말 하지 않고 한 마디 말만 했다. *'권사님도 자격이 되어서 직분 받은 것이 아닙니다. 좀 부족하지만 교회법에 따라 공동의회에서 성도들의 찬성으로 직분을 받은 것입니다.'* 교우들의 추천에 의해 법과 규칙대로 결정하였다고 하니 그 후 아무 말 없이 고개를 떨구며 목양실에서 나갔다.

　앞에서 언급하였지만 우리 교회와 장로교단에서는 천주교의 영세를 세례로 인정하지 않으므로 교회법에 따라 세례를 다시 받도록 하였다. 교회의 질서와 규칙을 모르고 목회자에게 무작정 전화하고 찾아와 따지고 드는 성도들에게 할 수 있는 방법은 교회법과 질서를 가르치는 일뿐이다. 모든 행정은 법 아래서 규제를 받으며 교회 질서와 건강한 신앙을 위해서 교회행정을 위한 매뉴얼이 필요할 것이다.

"모든 것을 품위 있게 하고 질서 있게 하라" 고전 14:40.

6.
가정이 우선이다

정말 목회자는 부부싸움을 하지 않을까? 모든 싸움은 의견 차이로 일어나지만 함께 살아가는 부부싸움은 의견 차이와 성격 차이까지 포함해야 하니 성격이 맞지 않으면 자주 싸울 수밖에 없다. 오래전에 부흥강사로 오신 목사님이 힘들었던 가정사를 공개한 적이 있어 아직까지도 인상 깊게 남아 있다. 부부싸움이 잦아 아내 때문에 목회를 못 하겠다는 것이다. 아내가 뒤에 앉아 설교를 듣고 있으면 사모는 밖에 나가 있으라고 말할 정도로 아내가 있으면 신경이 거슬러 설교를 할 수 없다고 했다.

목사의 부부싸움은 남에게 숨기고 싶은 부분이겠지만 부부의 치부를 말할 수 있다는 것은 대단한 용기가 아니면 어찌 말할 수 있겠는가? 그렇다. 목회자인 남편과 가장 호흡이 잘 맞아야 할 사모와의 갈등은 목회의 가장 큰 걸림돌이 될 수 있다.

많은 목회자들이 교회 목회는 잘하는데 가정 목회는 좋은 점수를 받지 못하고 있는 듯하다. 나 역시 가정보다는 교회에 더 많은 관심과 힘을 쏟고 있었다. 그러나 목사는 교회 목회뿐만 아니라, 가정 목회를 더 잘해야 한다는 생각을 갖기 시작했다. 가정 목회를 못하면 교회가 행복할 수 없기 때문이다.

대부분의 목회자들은 교회 목회는 잘하여 성장케 하였지만 가정 목회는 실패하여 정작 목회자 가정에서 어려움을 겪고 있는 경우를 종종 보게 된다. 가정 목회에 실패하게 되면 목회자 자녀라는 꼬리표 때문에 착한 아이의 가면을 써야 하는 불편함이 있다. 때로는 자녀들이 비뚤어진 길을 선택하기도 한다. 교회에 출석하기는커녕 못된 친구들과 어울려 나쁜 짓을 저지르고 감방에 갇히는 등 불행을 초래할 수 있다.

나는 하나님으로부터 교회 개척의 소명을 받고 영혼 구원을 위해 수고를 아끼지 않았다. 자녀들보다는 교회 아이들을 먼저 챙겼고, 아내보다는 교회 성도들을 먼저 생각했다. 가정 일보다는 교회 일이 우선되었고, 모든 시간들은 교회와 예배에 초점을 맞추고 있었다. 이것이야말로 목회를 잘하고 하나님으로부터 칭찬받는 목사라고 생각했다.

나의 문제는 교회 우선주의였다. 목사가 교회 개척을 위해 목숨을 건다고 해서 부흥되는 것이 아니라 하나님이 도우셔야 한다. "예물을 제단 앞에 두고 먼저 가서 형제와 화목하고 그 후에 와서 예물을 드리라"(마 5:24)고 했다. 제사를 드리는 것보다 가까운 이웃 사람들과 화목하게 지내는 것을 하나님이 기뻐하신다는 사실을 깨우쳐 주신 말씀이다. 예배는 무엇보다 소중하다. 눈에 보이는 수적인 성장도 무시할 수 없다. 그러나 예배보다는 화목이다. 부흥보다 교회의 화목이 우선이다.

그렇다면 *'가정이 먼저냐? 교회가 먼저냐?'* 하는 질문에 한 번쯤은 고민하고 생각해 보아야 한다. 분명한 것은 하나님이 가정도 세우셨고 교회도 세우셨다. 이 두 공동체는 절대 분리될 수 없는 관계다. 가정에서는 모범인데 교회에서는 못된 성도라는 것도 문제고, 교회에서는 참된 집사인데 가정에서는 본이 되지 못하는 부모라는 것도 문제다. 교회 일은 죽도록 충성하면서 가정 일에는 소홀히 한다면 결코 하나님께 영광이 되지 못한다.

하나님의 일꾼들은 좀 더 지혜가 있어야 한다. 교회에 충성하고 하나님을 잘 섬기는 신실한 여자 집사님이 있었다. 그분은 교회의 행사나 봉사를 위해 늘 분주한 사람이었다. 게으르지 않아 가능하면 교회에 나가 기도하기를 좋아했고 누가 보아도 믿음의 사람임이 틀림없다.

이 가정의 부부싸움의 원인은 아내의 교회 우선주의였다. 남편이 퇴근하고 돌아오면 입에 맞는 반찬이 없다고 투정하였다. 또한 학교에서 돌아온 어린아이들은 엄마의 부재가 몹시 서운했던 모양이었다. 규칙적으로 출퇴근하지 않는 전업주부로서의 우선순위는 가정을 살피고 돌보는 일인데 가정에 소홀한 아내 때문에 늘 불안한 가정이었다. 반찬을 투정하는 남편의 불만은 교회 때문이라면 앞으로 교회에 나가지 말라는 것이었다. 공적인 예배시간이 아닌데도 교회 때문에 학교에서 돌아온 어린 자녀들을 반겨 주지 못한다면 그런 교회는 가지 말라는 것이다. 교회에 가는 문제로 부부갈등의 원인이 된 것이다. 누구의 잘못일까?

성도가 바라보는 교회에 대한 충성심과 기도에 대한 열정은 칭찬해 줄 만하다. 목사는 얼마나 더 하겠는가? 그것도 담임목사라면 최고의 우선순위는 교회가 당연할 것이다. 이것이 바로 함정이라는 것을 목회 10년 차가 되어서야 비로소 알게 된 것이다. 이제라도 알게 되니 얼마나 감사한지 모른다.

나는 지금 목회 12년 차를 보내고 있다. 왠지 모르게 과거와는 달리 열심도 없고, 영성도 없고, 능력도 없는 탈진증세가 나타나기 시작했다. 코로나로 인하여 성도들의 모임은 절반으로 줄었고 온라인 예배를 위해 설교 영상을 만드는 과정 속에 예배를 도우는 반주자 외 스텝 한 명도 없이 혼자 벽을 바라보며 설교하기도 하였다. 성도의 수가 줄고 헌금이 줄어들어 위축된 것도 아니다. 큰 교회처럼 부흥이 안 되어 기진맥진하여 목회에 대한 흥미를 상실한 것도 아니다.

나는 애초부터 갖추어진 교회의 청빙보다는 대부분 꺼려하는 교회 개척을 준비해 왔기에 주어진 상황에서 즐겁고 행복한 목회를 위해서만 전념했지 애당초 성도의 수와는 거리가 멀었다. 그럼에도 불구하고 목회의 관건은 인간관계이므로 사람과의 관계 속에서 받는 스트레스는 극도로 높아만 갔다. 여자 셋이 모이면 접시가 깨지고 사람 셋만 모이면 서로 비판하고 싸우며 편 가르기를 한다는 말이 있지 않은가?

교회가 크든지 작든지 사람들이 모이는 곳에 언제나 소소한 갈등과 잡음이 있기 마련이다. 이러한 환경 속에서 받은 목사의 스트레스는 고스란히 가정으로 전달된다. 목회현장에서 받은 스트레스가 가정생활에 부정적인 영향을 준다는 것을 미처 몰랐던 것이다. *'왜 이 지경까지 왔을까?'* 하고 한탄해 보지만 돌이켜 보면 죽도록 교회 일에 충성만 했지 가족은 미처 돌보지 못했음을 이제야 깨달은 것이다.

나는 나름대로 화목한 가정을 위해 아내와 함께 두 자녀를 양육하며 행복하게 지내기를 힘써 왔다. 하나님의 부르심을 받고 평신도에서 전도사로, 여러 교회에서 부교역자의 직분을 가지고 섬기는 동안 가정은 평화롭기만 하였다. 하지만 담임목회를 하면서부터 부부싸움의 횟수가 많아졌다. 이런 현상을 나도 이상하게 여기는 부분이다. 목사의 가정은 행복해야 되지 않을까? 담임목사는 교회를 리드하고 이끌어 가는 코치의 역할로 아내와 항상 뜻이 일치하는 것이 중요할 텐데 말이다. 목회의 가장 큰 위기와 부흥은 교회에서 시작되는 것이 아니라 가정에서 시작된다는 것을 알았다. 목회자의 가정이 화목해야 교회도 화목해지고 부흥되는 것이다. 그러므로 목회자가 낙심하지 않고 기도할 수 있는 환경이 되도록 교우들은 목회자를 위해 응원하고 기도하는 것이다.

한동안 즐겨 보는 드라마가 있었다. 19세 이상 시청할 수 있는 '사랑과 전쟁'이란 드라마인데 부부관계를 다루고 있다. 드라마 속의 남편은 순하고 착한 사람으로 평범한 회사를 다니고 있었다. 반면에 아내는 돈을 잘 버는 여자여서 회사 업무로 바쁘다는 핑계로 가정 일에 소홀해졌다. 집에서 아내가 챙겨 주는 밥을 먹고 싶었던 남편의 사정은 모르고 아침도 배달을 해서 먹었다. 남편은 아내가 챙겨 준 밥을 먹고 싶다고 하자 바쁜데 어떻게 식사를 준비하느냐고 오히려 화를 내며 출근해 버린다. 일이 우선이 되어 버린 아내는 부부 간의 대화도, 쌓은 정마저 사라지게 만들었다. 남편은 더 이상 참지 못해 이런 큰 집도 필요 없다며 이혼을 제안하지만 여자는 사회적 이목 때문에 이혼을 거절한다.

어느 날 남편은 가난하게 살고 있는 친구의 포장마차를 찾아갔다. 허술한 포장마차 속에서도 웃음을 잃지 않고 다정스럽게 일하고 있는 친구의 부부 모습을 보고 자신의 처지를 한탄하고 있었다.

드라마 속에서 깨어진 가정을 보고 하나님 말씀이 문득 떠오른다. "채소를 먹으며 서로 사랑하는 것이 살진 소를 먹으며 서로 미워하는 것보다 나으니라"(잠 15:17). 하나님은 비록 채소를 먹고 살더라도 서로 사랑하며 살라고 말씀하신다. 살진 소를 날마다 먹더라도 서로 다투고 미워한다면 아무것도 아니다. 풍족하고 부요함이 우리의 행복을 지켜 줄 수 없다.

목회자의 가정이 평안해야 설교에도 힘이 있고 은혜가 넘치는 것이다. 예배를 앞두고, 특히 주일을 앞두고 부부싸움이 찾아오는 것은 무엇일까? 목회의 가장 큰 적은 부부싸움이다. 부부는 적이 아니다. "우리의 씨름은 혈과 육을 상대하는 것이 아니요 통치자들과 권세들과 이 어둠의 세상 주관자들과 하늘에 있는 악의 영들을 상대함이라"(엡 6:12)고 했다. 부부의 적은 사람의 선한 생각을 공격하는 마귀다.

목회의 성공은 교회가 아닌 가정에서 주어진다. 바울의 서신을 보면 가정을 중심으로 해서 초대교회가 개척된 것을 볼 수 있다. 사도 바울은 가는 곳마다 가정을 중심으로 힘 있게 복음을 전하였고 자신의 선교에 적극적으로 동참했던 가정들에 대하여 늘 감사하고 칭찬을 아끼지 않은 것도 엿볼 수 있다.

목회자로 부름 받은 목사는 누구든지 양을 잘 돌보는 목사가 되고 싶어 한다. 그러나 하던 사역을 잠깐 멈추고 가정을 돌아보았으면 한다. "누구든지 자기 친족 특히 자기 가족을 돌보지 아니하면 믿음을 배반한 자요 불신자보다 더 악한 자니라"(딤전 5:8). 하나님 중심으로 세워진 모든 가정들의 부부가 자녀들과 함께 뭉치고 하나 되어 복음 전도의 도구로 사용되기를 서로 노력하는 동역자가 되기를 간절히 바란다.

> "아내들이여 자기 남편에게 복종하기를 주께 하듯 하라, 남편들아 아내
> 사랑하기를 그리스도께서 교회를 사랑하시고 그 교회를 위하여 자신을
> 주심같이 하라" 엡 5:22, 25.

7.
기도밖에 없다

한국에 가면 아파트들이 하늘을 찌르듯 고층으로 올라가 있는 모습을 본다. 고층 건물을 세우기 위해서는 먼저 기초공사를 튼튼히 해야 한다. 그다음에는 기둥을 세우고, 벽을 세우고, 문짝을 달고 그다음 내부를 설계에 맞게 꾸미게 될 때 수십억을 호가하는 최고급 아파트가 세워지는 것이다.

우리가 예수님을 잘 믿으면 일단 기초공사를 한 것과 다름없다. 그러나 기초공사를 마쳤다고 고급 아파트가 되는 것이 아닌 것처럼 신앙생활에도 마음을 가꾸고 행동과 언어를 바로잡기 위한 내부공사가 이루어져야 하는데 그것이 바로 기도다. 기도는 마음속에 영적인 집을 짓는 것과 같다.

우리가 예수님을 믿기로 작정하여 교회로 들어왔다는 것은 기초공사를 한 것과 같다. 그러나 기초공사만 하고 작업을 멈추면 집이라고 할 수 없다. "여호와께서 집을 세우지 아니하면 세우는 자의 수고가 헛된다는"(시 127:1) 말씀처럼 내부공사는 하나님 말씀으로 채워 가야 한다. 하나님과 함께 하는 방법은 기도며, 기도는 하나님과 연결된 핫라인이라고 말할 수 있는 아주 중요한 연결선이다.

예수님의 제자들은 기도의 중요성을 알고 기도하는 방법을 가르쳐 달라고 하였다. 누가복음 11장은 예수님이 가르쳐 준 주기도문으로 시작하고 있다. "먼저 하나님 나라를 구하라, 그리고 먹을 양식을 구하라, 자신의 죄 사함을 구하라, 시험에 들지 않도록 기도하라"고 가르쳐 주셨다. 그런데 어떤 이들은 기도할 것이 없다고 말한다. 5분 이상 기도하면 더 이상 할 것이 없다고 말하는 사람도 있다.

그래서 예수님은 더 자세하게 기도하는 방법을 설명하셨다. 한밤중에 친구가 찾아와 빵 세 개만 빌려달라고 하였다. "한밤중에 웬 난리야. 나는 지금 아이들과 함께 잠을 자고 있어서 빵을 줄 수 없다네"라고 말할 수 있겠느냐는 것이다(눅 11:7). 예수님은 기도에 대해 다시 한번 강조하신다. "내가 너희에게 말하노니 비록 벗 됨으로 인하여서는 일어나서 주지 아니할지라도 그 간청함을 인하여 일어나 그 요구대로 주리라"(11:8). 한밤중이다 보니 빵을 주지 않을 수도 있다는 말씀이다. 하지만 중단하지 않고 요청하면 요구대로 빵을 구할 수 있다고 하신다.

빵 세 개를 구하는 비유를 마치고 예수님은 다시 한번 기도하는 방법과 기도한 후의 결과를 말씀해 주셨다. "내가 또 너희에게 이르노니 구하라 그러면 너희에게 주실 것이요 찾으라 그러면 찾아낼 것이요 문을 두드리라 그러면 너희에게 열릴 것이니"(11:9). 기도가 나를 풍성하게 해주는 것임을 알게 하는 말씀이다.

예수님은 왜 이 말씀을 하셨을까? 기도하면 하나님의 때에 반드시 응답이 온다는 말씀이다. 기도는 믿음 있는 사람들만 하는 신앙적인 행위가 절대 아니다. 기도는 절박한 상황일 때만 하는 미신적인 행위가 아니다. 기도는 감사가 넘칠 때에도, 기쁘고 행복한 순간에도, 두려움이 밀려올 때에 아무것도 염려하지 말고 오직 감사함으로 기도하라고 하셨다(빌 4:6).

나는 목회를 잘하는 줄 알았다. 나름대로 리더십이 있다고 생각했으며 세상과 구별된 성도들이기에 충성하는 천사들이 교회에 많이 모일 줄 알았다. 그러나 어리석은 생각이었다. 목회와 선교도 공부하였으니 교회 행정이나 설교를 준비하는 등 목회 자체는 어렵지 않았지만 사람과의 관계가 어려웠다. 목회의 관건은 인간관계다. 미국 이민목회를 하는 과정 속에서 많은 사건과 사고를 경험하고 인간관계의 어려움과 사람들의 다양한 모습을 정확히 바라볼 수 있는 계기가 되었다.

사랑과 관심을 베풀어도 늘 사랑에 목말라 하는 어린아이와 같은 신앙인이 있다. 모였다 하면 불평하고 성도 간 이간질을 하는 자도 있고, 목사와 특히 사모를 괴롭히는 신앙의 망나니도 있다. 이때 이들을 인내와 사랑으로 양육하지 않으면 목회에 큰 영향을 받을 수 있고 어떤 공동체보다 법적 구속력이 약한 교회라는 공동체에서의 사람과의 관계는 여간 쉬운 일이 아니다.

'목회를 하는 동안 힘든 순간을 어떻게 극복했을까?' 이 같은 질문에 많은 목회자들이 기도라고 응답했다. 목회자들은 힘든 일에 부딪혔을 때 금식기도를 하거나 철야기도, 회개기도와 함께 적지 않은 목회자들이 침묵하고 인내하며 기다렸다. 또한 성경을 통해 위로를 얻으며 아내나 가족과의 대화로 격려를 받고 힘을 얻었다고 대답했다. 목회의 최우선 사역은 기도라는 것을 알 수 있다.

목회자들이 착각하고 있다. 목사가 성도를 만든다고 생각한다. 사도 바울의 말을 새겨 들어야 한다. "내가 하나님의 열심으로 너희를 위하여 열심을 내노니 내가 너희를 정결한 처녀로 한 남편인 그리스도께 드리려고 중매함이로다"(고후 11:2). 중매자가 남녀를 억지로 결혼시킬 수 없는 것이다. 중매자의 역할은 만남을 주선하는 일이지만 결혼의 성패는 당사자인 남녀에게 달려 있다.

목사가 억지로 은혜를 강요하게 되면 시험에 든다. 모든 일에 시기가 있듯이 성도들이 은혜를 받는 시기가 있으며 깨닫는 시간이 있으니 우리는 오로지 하나님 말씀을 따라 성도들을 위해 기도하고 최선을 다해 하나님의 말씀을 가르치는 일에 전력을 다할 뿐이다. "나는 심었고 아볼로는 물을 주었으되 오직 하나님은 자라나게 하셨나니"(고전 3:6). 농부가 열매 맺게 하는 것이 아니라 열매는 하나님 손에 달려 있다.

우리는 살아가면서 어려운 문제들을 많이 만난다. 보통 사람들은 그 문제를 해결하기 위해 이 사람, 저 사람을 찾아나서 보지만 근본적인 문제는 해결되지 않는다. 오히려 부끄러움과 창피당하는 경우도 있다. 특히 목회자들은 어려운 문제들을 직면할 때 사람 앞에 꺼내 놓을 수도 없어 속이 타고 답답할 때가 많다. 믿는 자에게는 능치 못할 일이 없다며 믿음으로 기도하는 자에게 당할 자가 없고 기도하는 사람에게 막힌 담도 뚫고 나갈 수 있는 능력을 가지게 될 것이다.

"아무것도 염려하지 말고 다만 모든 일에 기도와 간구로, 너희 구할 것을 감사함으로 하나님께 아뢰라 그리하면 모든 지각에 뛰어난 하나님의 평강이 그리스도 예수 안에서 너희 마음과 생각을 지키시리라" 빌 4:6-7.

제6장

잊지 말아야 할
여섯 가지

목사가 교인을 의지하고 교인은 목사를 의지하며 신앙생활을 하는 것
은 아니다. 하지만 백지장도 맞들면 낫다고 하는데 서로 섬기기를 좋아
하며 서로 화목하기를 힘쓰는 것은 하나님을 사랑하는 것과 동시에 이
웃 사랑을 실천하고 있는 것이다. 그러나 사람과의 갈등은 영적 성장에
있어서 도움이 되지 못하고, 특히 목사와 갈등은 영적 성장에 있어서 최
고의 적이다.

1.
성도라는 것을 잊지 말라

　어느 가정에서 심방을 마치고 식당에서 점심을 대접할 때 식당 주인이 반가운 목소리로 **'목사님 오셨어요?'** 하고 인사를 하는데 목사님은 **'아주머니께서 저를 아십니까?'** 하고 물었다. 자기 교인을 몰라보는 담임목사에게 큰 실망을 가져왔다. 성도를 몰라볼 수 있다고 변명할 수 있겠지만 목회자들이 생각해 보아야 할 문제다.

　예수님이 이런 말씀을 하셨다. "나는 선한 목자라 나는 내 양을 알고 양도 나를 아는 것이 아버지께서 나를 아시고 내가 아버지를 아는 것 같으니 나는 양을 위하여 목숨을 버리노라"(요 10:14-15). 성도를 모르면서 목회를 할 수 없다. 단지 얼굴의 모습만이 아니다. 성도를 모른다는 것은 도둑이요, 이리가 오는 것을 보고 도망치는 삯꾼 목자라고 하였다.

　그렇다면 성도는 목사가 누구인지 아는가? 목사는 양의 마음을 알고 양을 부지런히 돌보는 목동이다. 성경에서 성도는 양으로 비유하고 있다. 양은 눈이 어두워 5m의 앞을 보지 못한다고 한다. 우리가 그렇다. "우리는 다 양 같아서 그릇 행하여 각기 제 길로 갔거늘 여호와께서는 우리 모두의 죄악을 그에게 담당시키셨도다"(사 53:6). 인간은 자기 성격과 기질대로 살아간다. 세상의 기준과 자기 기준을 정해 놓고 살아간다.

그러나 하나님의 사람들은 다르다. 세상 풍조를 따라 살지 않고 내 마음대로 살지 않는다. "너희는 이 세대를 본받지 말고 오직 마음을 새롭게 함으로 변화를 받아 하나님의 선하시고 기뻐하시고 온전하신 뜻이 무엇인지 분별하도록 하라"(롬 12:2). 무엇을 선택하고 누구를 따르냐에 따라 인생이 결정된다. 참된 양은 타인의 음성을 들으면 따라가지 않고 자기 목자의 음성만 듣고 따라가는 성질이 있다. 순종은 누구나 할 수 있다. 그러나 보일 때 하는 순종과 보이지 않을 때에도 순종하는 것은 차원이 다르다.

목사와 성도 간의 올바른 관계는 신뢰다. 성도는 주님의 영광을 위해 교회의 질서를 잘 따라야 하고 목자는 성도를 바르게 인도하고 보호할 수 있는 사람이어야 한다. 성경은 예수님을 신랑으로 성도를 신부로 비유하고, 예수님을 포도나무로, 성도는 그 가지로 비유하고 있다. 이것은 떼려야 뗄 수 없는 관계를 말씀하고 있는 것이다. 교회는 그의 몸이라 하였으니(엡 1:23) 교회의 머리이신 예수님의 부재는 성도의 삶이 기회를 붙잡지 못하는 공허한 삶이 될 수밖에 없다.

부부가 마음이 하나 되지 못하면 행복할 수 없고 부부가 연합되지 못하면 불행이 찾아오는 것은 당연하다. 이처럼 예수님과 성도의 관계는 견고하게 연결되어 있어 불편하지 않아야 한다. 솔직하고 순수해야 하고 다정한 부부처럼 허물을 말해도 부끄럽지 않아야 한다. 목사와 성도 간의 관계도 마찬가지다.

예수님께서 제자들의 발을 씻어 주실 때에 베드로 차례가 되었다. 베드로는 발냄새가 심해서였을까? 아마도 주님께 감히 발을 내밀기 부끄러웠을 것이다. 죄책감과 미안함도 있어 발을 내밀지 못하였다. 그러자 예수님은 내가 너를 씻어 주지 아니하면 네가 나와 상관이 없다고 하였다(요 13:8). 상관이 없다는 것은 관계가 무너졌다는 것을 의미한다. 가장 무서운 것은 미움보다 무관심이다. 무관심하면 밉지도 않다.

간혹 밉지 않은 성도들이 있다. 알곡 성도라서 밉지 않은 것이 아니다. 교회에 본이 되지 못하는 성도라 생각되니 미움도 사라진 것이다. 성도는 교회에 속한 동시에 양 무리의 본이 되어야 한다(벧전 5:3). 교회의 머리 되신 주님과 상관없다면 더 이상 성도라고 할 수 없는 것이다. 더 나아가 우리는 성도인 동시에 교회다. "너희는 너희가 하나님의 성전인 것과 하나님의 성령이 너희 안에 계시는 것을 알지 못하느냐"(고전 3:16)고 했다. 내가 교회라는 것이다. 교회를 아프게 하면 안 된다. 교회를 아프게 하면 성전인 자신이 아프게 된다는 것을 잊지 말자. 성전인 나에게 예배가 없다면 분명 장애물이 있을 것이며, 그러나 성전인 나에게 참된 예배가 있다면 은혜 받을 수밖에 없다.

교회는 다양한 사람들이 모이는 곳이다. 선한 양들만 모이지 않는다. 선한 목자만 있는 것도 아니다. 그래서 믿는 자들은 분별하는 지혜를 가져야 하는 것이다. 우리는 한 지체로서 예수 그리스도를 구주로 믿는다는 신앙고백을 하고 있다.

성경이 마지막 때가 가까울수록 성도에게 당부하고 있는 말씀은 서로 사랑하고 돌보는 일이다(히 10:24). 하나님께서는 우리 모두에게 섬길 수 있는 은사를 주셨다. 어떤 분은 물질로, 어떤 분은 기도로, 어떤 분에게는 따뜻한 말을 주시고 섬길 수 있을 때에 섬기라고 하신다.

예수님께서 12제자들을 부르시고 그들을 파송하는 과정에서 주신 말씀이다. "너희가 거저 받았으니 거저 주라 너희 전대에 금이나 은이나 동을 가지지 말고 여행을 위하여 배낭이나 두 벌 옷이나 신이나 지팡이를 가지지 말라 이는 일꾼이 자기의 먹을 것 받는 것이 마땅함이라"(마 10:8-10). 전도자는 아무것도 준비하지 않아도 된다는 말이 아니라 이것은 전적으로 하나님을 신뢰하라는 것이다. 하나님을 의지하는 자는 하나님이 책임져 주시겠다는 것이다.

우리는 하나님께 드리는 것과 하나님 안에서 공유하는 것을 낭비라고 생각하지 않는다. 낭비라고 생각하면 드리지 못하고 섬길 수도 없다. 무엇이든지 간직하면 썩게 되어 있다. 고인 물은 썩지만 흐르는 물은 절대 썩지 않는 법이다.

우리는 하나님의 사랑하심을 받고 성도로 부름을 받았다(롬 1:7). 예수님께서는 성도된 우리의 기본적인 자세는 *'거저 받았으니 거저 주라'*고 하신다(마 10:8). 나에게 주신 은사를 잘 활용하여 영혼을 구하는 데 쓰임 받을 수 있기를 간절히 소망한다.

"서로 돌아보아 사랑과 선행을 격려하며 모이기를 폐하는 어떤 사람들의 습관과 같이 하지 말고 오직 권하여 그 날이 가까움을 볼수록 더욱 그리하자" 히 10:24-25.

2.
교회를 우습게 보지 말라

스펄전 목사님의 예화를 소개하겠다. 어느 날 한 교인이 목사님을 찾아와서 물었다. *'목사님, 저는 교회에서 좋지 않은 일로 상처를 받아 지쳐 있습니다. 교회가 영 마음에 안 드는데 문제가 없고 좋은 교회가 있으면 소개해 주십시오.'*라고 말했다. 그러자 목사님은 이렇게 대답하였다. *'그런 교회가 있으면 나에게도 알려 주십시오. 나도 그 교회에 가고 싶습니다.'* 그러면서 한 말씀을 더 하셨다. *'설령 그런 교회를 찾았다고 절대로 그 교회 교인은 되지 마십시오.'* 왜냐고 물었더니 *'당신이 그 교회 교인이 되면 당신 때문에 그 교회는 불행해질 것입니다.'*라고 했다.

성도들은 교회를 너무 쉽게 여기고 있다. 조그마한 문제로 예배에 출석하지 않고 쉽게 교회를 옮긴다. 특히 이민교회는 여기저기 떠돌아다니는 철새교인이 많다고 알려져 있다. 문제는 교회가 아니라 내가 문제라는 것이다. 완전한 공동체가 있을까? 문제없는 교회, 문제없는 가정은 아마도 찾아보기 힘들 것이다.

우리는 종종 초대교회를 닮아 가자고 외친다. 성경에 나오는 초대교회도 완전한 교회는 없었다. 사람들이 모이는 곳은 어디를 가나 문제가 있기 마련이다. 교회 역시 사람들의 모임이기에 문제가 많지만 주님은 교회를 통하여 말씀으로 치유하고 계신다는 사실이다. 이것을 인정하는 사람은 교회가 완전하지 못하다고 함부로 비난하거나 교회를 소홀히 여기는 것을 범하지 않을 것이다. 이런 의미에서 교회는 많은 문제를 안고 있는 불완전한 공동체임에도 불구하고 가장 소중하고 거룩한 기관이다.

당신에게 교회란 무엇인가? 교회는 사람들이 모이는 곳이지만 사람이 움직이는 기관이 아니다. 교회의 주인은 누구인가를 물을 때 목사가 주인인 교회는 **'내가 수고해서 이 정도까지 성장했는데'** 하고 목사 마음대로 할 것이며, 장로가 주인인 교회는 장로가 목사를 고용인으로 생각하고 마음에 들지 않으면 주님의 뜻과는 상관없이 교회를 떠나게 할 것이다.

교회의 주인은 하나님이시다. "또 만물을 그의 발 아래에 복종하게 하시고 그를 만물 위에 교회의 머리로 삼으셨느니라"(엡 1:22). 교회의 머리는 예수님이시다. 이것은 신앙의 기본이다. 하나님이 우리를 지으시고 우리를 교회로 인도하신 목적이 무엇일까? "이 백성은 내가 나를 위하여 지었나니 나의 찬송을 부르게 하려 함이니라"(사 43:21). 하나님을 영화롭게 하고 하나님을 즐거워하는 것이 인생의 주된 목적이다. 우리는 하나님을 사랑하는 방법을 예배로 표현하고 있다. 신앙인의 기본은 예배요, 예배 없이 교인이라 말할 수 없는 것이다.

2021년 3월, 미국은 전년 12월에 비하면 코로나19로 인한 사망자나 확진자 수가 절반으로 뚝 떨어져 벌써부터 마스크를 착용하지 않아도 된다는 주(州)들이 하나둘씩 생겨나고 있다. 이로 인하여 많은 교회들이 온라인 예배를 중단하고 대면예배를 드리고 있지만 예배를 잃어버린 영혼들이 50%를 육박하였다. 대면예배가 이루어지자 교인의 과반수가 출석하지 못하고 코로나19가 완전히 종식되어도 80%만 예배에 참석하고 나머지 20%는 교회로 돌아오지 않을 것으로 조사되고 있다.

우리가 신앙생활을 하면서 가장 기본이며 동시에 가장 중요한 게 무엇일까? 두말할 나위 없이 예배다. 무엇보다 잃어버린 예배를 회복해야 한다. 예배가 없으면 화려하고 웅장한 교회라 할지라도 더 이상 교회가 아니다. 예배를 잃은 성도는 더 이상 성도라고 말할 수 없다. 예배가 있다는 것은 그곳에 주님이 계신다는 것을 의미하고 예배가 없다는 것은 주님과 전혀 상관없다는 것을 말해주고 있는 것이다. 이처럼 예배를 잃어버린 기독교인들의 수가 적지 않다.

주님의 몸 된 교회를 위하고 하나님을 믿는다는 것 때문에 근심하며 슬퍼해 보았는가? "애통하는 자는 복이 있나니 그들이 위로를 받을 것이라"(마 5:4)고 했다. 애통은 사람이 당하는 슬픔이다. 사람이 살면서 슬픈 일을 경험하며 살지만 성경에서 말하는 애통은 그런 슬픔이 아니라 천국 백성이 당하는 슬픔이다. 교회이기에 참고, 목사이니 참고, 복음 때문에 속이 타도 참는 것을 말한다. 바울도 복음 때문에 범사에 참았다고 했다(고전 9:12).

일반적으로 목회자는 교우들을 섬기고 교우들은 목회자를 섬기게 된다. 이처럼 한마음이 되어 하나님을 섬기는 것이 교회의 목적이기도 하다. 따라서 대부분의 성도들은 목회자를 진정으로 격려하고 목회자는 교우들을 위해 기도하고 있다. 그런데 슬프게 교회 안에는 목회자를 공격하려는 비판적인 사람들도 종종 있다.

교회는 상처받는 곳이 아니라 은혜 받고 복받는 곳이어야 한다. 교회를 세우신 하나님은 성전을 사모하고 성전에 관심을 가지며 애통하는 자들에게 **'복을 받으라.'**고 하신다. "내 평생에 선하심과 인자하심이 반드시 나를 따르리니 내가 여호와의 집에 영원히 살리로다"(시 23:6). 다윗의 소원은 여호와의 집에 영원히 거하는 것이었다. 그는 왕으로서 화려한 왕궁에 거하고, 상아로 만든 침상에서 자고, 온갖 진미를 먹을 수 있지만 그것이 더 이상 기쁨이 되지 않았다. 잠자리가 불편하고 먹는 것도 시원치 않을지라도 주의 궁정에서의 한 날이 다른 곳에서의 천 날보다 나은즉 악인의 장막에 사는 것보다 내 하나님의 성전 문지기로 있는 것이 좋다고 하였다(시 84:10).

당신은 교회에 얼마나 많은 관심을 가지고 있는가? 하나님의 일 때문에 근심해 보았는가? 하나님의 일은 소명을 받은 목회자들에게만 하나님 나라를 맡긴 것이 아닌 모든 성도들에게 맡기셨다. 성도들이여, 교회는 우리가 생각하는 그 이상으로 소중하다. 하나님은 부자를 찾아 교회 건물을 짓는 건축가를 찾는 것이 아니다. 하나님은 봉사자를 찾는 것이 아니다. 하나님이 찾는 자는 진정한 예배자를 찾고 계신다. 그리고 그에게 교회를 통해 복 주시기를 원하신다.

"모든 겸손과 온유로 하고 오래 참음으로 사랑 가운데서 서로 용납하고 평안의 매는 줄로 성령이 하나 되게 하신 것을 힘써 지키라" 엡 4:2-3.

3.
목회자와 대적하지 말라

소위 성공한 사람들에게 성공의 요인은 묻는다면 아마도 원만한 인간 관계가 우선이라고 대답할 것이다. 실패한 요인도 인간관계를 잘못했기 때문이다. 신앙생활의 성공도 마찬가지다. 누구를 만나느냐에 따라 인 생이 결정되듯 목회자는 어떤 성도를, 성도는 어떤 목회자를 만나느냐 에 따라 신앙생활이 행복할 수도 있고 불행할 수도 있다.

어느 공동체를 막론하고 서로 화목하기를 힘써야 한다. 목회자만 잘 해서 되는 것도 아니고 성도들만 잘해서 교회가 건강하고 화목한 공동 체가 되는 것이 아니다. "할 수 있거든 너희로서는 모든 사람과 더불어 화목하라"(롬 12:18)고 했다. 교회마다 분쟁이 없고 다투지 않아 서로 사 랑하며 화목하기를 힘쓴다는 것이 여간 쉬운 일이 아닌가 보다. 말씀대 로 말세가 되면 서로 미워하고 거짓 선지자가 많아지며 불법이 성하므 로 교회마저 사랑이 식어 가는 듯하다(마 24:10-12).

나는 미국 내 한인교회를 섬기고 있을 때 한국 내 한인교회와 미국 내 한인교회와의 특성이 사뭇 다르다는 것도 알았다. 미국 내 한인교회의 수는 5,000개가 넘고 있지만 90% 이상이 100명 이하인 작은 교회들이다. 작은 교회는 가족과 같은 분위기로 친교의 강점이 있지만 동시에 서로 너무 많은 것을 알고 있다는 것이 단점일 수 있다.

미주 한인교회를 섬기고 있을 때 교인들 간에 계모임을 하는 것을 보고 당황스러워했던 적이 있다. 이민생활이 어려워서였던가? 친구에게 돈을 빌려주면 돈 잃고 친구도 잃는다는 말이 무색할 정도로 교우 간에 돈을 빌리는 경우가 허다했다. 돈이 거짓말하지 사람이 거짓말하지 않는다. 결국은 돈 때문에 사람도 잃고 돈을 잃어 관계가 일그러진 상태로 함께 신앙생활을 하고 있었다.

어느 집사 부부는 매일 아침 새벽예배에 나와 기도하고 있었다. 한번은 찾아와 기도 제목을 나눌 때 깜짝 놀랄 만한 사실을 알았다. 김 권사에게 수영장 청소권을 인수받았는데 계약과는 달리 거래처를 되돌려주지 않고 다른 지역으로 옮겨가 똑같은 사업을 하고 있어 금전적인 손해가 많아 억울하고 답답하여 새벽마다 기도하고 있었다. 어떤 이는 같은 교인에게 돈을 빌려주고 갚지 못하자 원수처럼 지내는 성도들도 있었다.

돈은 사람을 웃게 하고 행복하게 할 수 있지만 돈은 사람을 불행하게 하고 미워하게 만들 수 있는 확률이 훨씬 높다는 것을 알아야 한다. 친한 관계일수록 돈 거래는 하지 않는 것이 좋다. 하물며 교회 안에서의 금전 거래는 말씀을 듣지 못하게 하고 영혼을 시들게 하여 교우 간의 갈등과 다툼으로 번질 수 있음을 주의해야 한다.

신앙생활의 갈등은 성도와 성도와의 관계만이 아니다. 더 심각한 경우는 목회자와 갈등관계에 있는 성도가 있는가 하면 목회자 사모를 은근히 귀찮게 하고 피곤하게 하는 여성도들이 있다. 목회자와의 갈등은 은혜를 받는 데 최고의 적이다. 하나님은 성도를 부르시고 성도들 중에 목사로 세워 목양을 하도록 맡기셨다. 가장 불행한 성도는 목회자와 갈등과 대립으로 설교가 귀에 들어오지 않아 마음이 굳어져 있는 성도다.

교회를 옮겨 가는 곳마다 목회자와 싸우는 장로가 있다. 목사와 성도와의 생각은 많은 차이가 있음을 인식하지 못하고 사사건건 목사에게 태클을 거는 못된 성도들이 있다. 교회를 옮겨 다닐 때 마다 목사와 다툼이 있었다며 오히려 목회자에게 모든 잘못을 돌리고 자신이 목사에게 큰 상처를 받아 힘들었다고 말한다.

장로는 목사 잡는 킬러가 아니다. 특히 교회에서 영향력을 행사하고 있다는 교인들은 조심해야 한다. 나 아니면 교회가 돌아가지 않는다고 착각하는 비뚤어진 성도들이 있다면 마음을 바로잡고 질서와 화평을 원하시는 하나님의 뜻에 복종할 수 있어야 한다. 질서가 있는 곳에 평화가 있는 법이다. 하나님의 질서란 교회에서 부여받은 직분은 계급이 아니다. 하나님이 내려 주신 직분은 높고 낮음이 없다. 서로 사랑하고(요 13:34), 서로 마음을 같이 하며(롬 12:16), 서로 대접하기를 원망 없이 하여(벧전 4:9) 범사에 참는 것은 그리스도의 복음에 아무 장애가 없게 하기 위함이다(고전 9:12).

누구보다도 성도는 목회자를 잘 섬기고 사랑해야 한다. "형제들아 우리가 너희에게 구하노니 너희 가운데서 수고하고 주 안에서 너희를 다스리며 권하는 자들을 너희가 알고 그들의 역사로 말미암아 사랑 안에서 가장 귀히 여기며 너희끼리 화목하라"(살전 5:12-13)고 했다.

지금 당신의 영혼을 책임지고 수고하고 있는 목회자를 존중하고 있는가? 교회와 목회자가 존재하는 이유는 성도 한 사람, 한 사람이 그리스도 앞에 온전히 설 때까지 최선의 노력을 다하여 그 영혼의 구원까지 생각하고 있다. 따라서 성도들이 말씀에 따라 바로 서지 못할 때 마치 목회자 자신이 잘못한 것처럼 여기고 아파하고 있다.

제발 미련한 성도가 되지 말자. 왜 목회자와 극한 대립으로 자신의 영혼까지 망가트리고 있는가? 신앙이 깊지 않은 믿음의 초보자를 불러 모아 목회자와 사모를 헐뜯고 흉보며 성도 간에 이간질을 시켜 편을 가르고 부정의 말을 일삼는 자들을 멀리해야 한다.

목회자에게 정말 흠이 많고 허물이 많다 하여 보이지 않는 곳에 숨어 귓속말로 부정과 거짓을 속삭이지 말고 차라리 속히 교회를 떠나는 것을 선택해야 한다. 아니면 교회에 정성을 다하여 충성하고 목사를 귀하게 여겨 영적으로나 교회적으로 해를 입히지 않도록 주의해야 한다.

"허물을 덮어 주는 자는 사랑을 구하는 자요 그것을 거듭 말하는 자는 친한 벗을 이간하는 자니라" 잠 17:9.

4.
예배를 생명처럼 여기라

하늘 길은 활짝 열려 있지만 그놈의 코로나 때문에 국내선 비행기조차 마음 놓고 탈 수 없어 자유롭게 이동할 수 없는 세상, 미국은 넓지만 마음대로 움직일 수 없어 비좁게 느껴지는 오늘날의 지구촌 분위기다. 2020년 3월, 코로나19로 인해 1차 셧다운이 내려져 교회도 현장예배를 중단하고 한동안 온라인으로 예배를 드려야 했다.

언젠가는 예배를 드릴 수 있으나 찬양은 부르지 말라는 찬양 금지법이 내려져 많은 기독교인들이 허탈한 웃음을 지을 때도 있었다. 2차 셧다운 명령이 내려졌을 때에는 아예 모이지 말고 모이려면 주차장이나 야외에서 예배하라고 했다. 여기에 대한 많은 교회들이 이것은 기독교 박해라며 행정명령을 거부하고 계속 예배를 위해 문을 열어 놓겠다고 대응하기도 했다.

교회들이 예배를 주장하는 이유가 있었다. 2020년 5월, 조지 플로이드 사망 시 인종차별 금지를 외치며 불법으로 행동하는 시위대들의 집단 행동으로 감염자가 나오고 있었지만 해산 명령을 하지 않고 지켜보고만 있었다. 그때는 시위대 단속도 하지 않고 이제 와서 자영업자나 교회의 문을 닫게 한다는 것에 불만을 드러낸 것이다.

교회가 예배를 드리지 못하면 기능을 할 수 없다. 예배를 잃은 성도는 방황할 수밖에 없다. 성도의 삶에는 두 가지의 예배가 있다. 하나는 일상에서의 예배요, 또 하나는 교회에서 드리는 공적 예배다. 성도들이 한자리에 모여 드리는 공적 예배가 무너지면 삶의 예배도 무너지기 마련이다.

크리스천투데이에서 설문조사를 한 결과 공예배를 중단할 수 없다는 응답이 다수를 차지하였다. 요즈음 시국에서 어느 쪽이 옳고 아님을 가리기 위한 것이 아니다. 하나님의 백성들이 *'교회와 예배에 대한 애착과 소중한 마음이 있는가?', '교회에서 예배를 드리지 못하는 안타까운 심정들이 묻어 있는가?'*의 문제다. 참으로 다행인 것은 예배가 중요하다고 인식하는 성도들이 많다는 것에 현존하고 있는 교회들이 예배가 소중하다는 것을 증명해 주었다.

구원받은 성도가 해야 할 최고의 가치는 하나님께 대한 예배다. 예배가 무너지면 신앙의 전부가 무너진다. 예배 없이 하나님을 기쁘시게 할 수 있을까? 서기관이 예수님께 물었다. *'모든 계명 중에 첫째가 무엇입니까?'* 예수님의 대답은 "첫째는 이것이니 이스라엘아 들으라 주 곧 우리 하나님은 유일한 주시라 네 마음을 다하고 목숨을 다하고 뜻을 다하고 힘을 다하여 주 너의 하나님을 사랑하라 하신 것이요"(막 12:29-30). 인간이 하나님을 사랑하는 최고의 행위는 신령과 진정으로 하나님께 예배하는 것이다.

*'신앙생활을 잘하고 계십니까?'*라고 물을 때 무엇으로 증명할 수 있을까? 교회에서 정한 공예배를 잘 드리고 있는가에 달려 있다. 많은 교회

에서는 전도와 선교를 강조하고 섬김과 봉사도 가르치고 있다. 뿐만 아니라 예배 안에는 찬양과 말씀과 기도, 봉헌과 회개 등이 포함되어 있다. 이 중 가장 많이 차지하는 부분이 찬양과 말씀이다.

우리는 분명 기억하고 있다. 2020년 7월 초, 미국 내에 코로나가 확산되자 예배 중 찬양을 금지시켰는데 이것은 너무 지나치다 싶어 찬양을 금지시킨 캘리포니아 주지사를 미국교회 측에서 법원에 고발하기도 하였다. 이 결과 예배 금지는 위헌이라고 판결을 내렸다. 일부 교회들이 정상예배를 강행할 때 이에 대한 조치는 *교회 폐쇄*라는 칼을 휘둘렀던 한국정부와는 대조적이다. 예배의 존귀성을 모르고 있기 때문이다. 하나님께 드리는 예배를 어느 누구도 권력으로 막을 수 없고 중지시킬 수 없다. 예배는 하나님께 드리는 제사이기 때문이다.

예배의 목적은 하나님의 영광을 드러내는 것으로 그 영광을 가장 적절하게 표현할 수 있는 것은 찬양이다. 찬양은 성도로서 당연히 드려야 할 도리다. "너희 의인들아 여호와를 즐거워하라 찬송은 정직한 자들이 마땅히 할 바로다"(시 33:1). 사람이 산소를 공급받아야 살 수 있는 것처럼 찬송은 성도에게 없어서는 안 될 중요한 요소이다. 찬양을 하지 말라는 것은 기독교인들에게 호흡하지 말라는 것과 다를 바가 없다.

하나님은 찬송 중에도 거하신다. "이스라엘의 찬송 중에 계시는 주여 주는 거룩하시니이다"(시 22:3). 가장 기독교 핍박이 심했던 네로 황제시대 때에도 예배와 찬양을 금지시켰다. 이것은 신앙인들의 호흡을 정지시키겠다는 것과 같다. 무리들이 큰 소리로 하나님을 찬양하기를 "찬송하리로다 주의 이름으로 오시는 왕이여 하늘에는 평화요 가장 높은 곳에는 영광이로다"(눅 19:38). 예루살렘에 입성하시는 예수님을 보시고 거리에 나와 있는 무리들이 큰 소리로 기뻐 찬양하는 모습이다.

같은 장소에 있다고 해서 모두 찬양을 하고 있는 것은 아니다. 무리 안에 섞여 있는 바리새인들을 보라. "선생이여 당신의 제자들을 책망하소서"(19:39). 찬송을 하기는커녕 찬양을 금지시키라고 졸라 댄다. 바리새인들은 예수님께 찬양하는 백성들을 책망하고 꾸짖으라고 요구했던 것이다. 왜 그랬을까? 이유는 간단하다. 그들은 예수님을 메시아로 인정하지 않기 때문이다. 바리새인들의 끈질긴 질문 중의 하나가 있다면 **'도대체 당신이 누구인가?'** 여기에 대한 예수님의 답변이다. "나와 아버지는 하나이니다"(요 10:30).

오늘날에도 마찬가지다. 무질서한 가운데 흑인 차별화 금지와 동성애를 옹호하는 외침에는 침묵하였지만 정작 안전 거리를 지키고 행정명령에 순종하던 자영업자나 교회에는 너그럽지 못하고 지나친 강요를 받고 있는 이것이야말로 교회 탄압이 아니겠는가? 세상은 지금 하나님보다 더 무서운 것이 바이러스라는 것을 암시해 주고 있다.

그래서 믿음 좋다는 신앙인들조차 예배를 중단하고 있다. 그들에게 셧다운은 핑계에 불과하다. **'교회 문이 빨리 열리면 좋겠어요.'** 라고 말하지만 막상 예배를 재개하니 참여하지 않으면 이것은 이미 악한 바이러스에 감염된 것이다. 경건의 모양은 있으나 경건의 능력이 사라졌던 바리새인들의 치명적인 영적 바이러스에 감염된 것과 같다.

신앙인은 예배를 통해 은혜를 받아야 한다. 자신의 입술로 찬양을 부르고 자신의 귀로 말씀을 들어야 한다. 지금 우리에게 두려운 것은 바리새인들이 가지고 있는 영적 바이러스에 서서히 감염되고 있다는 사실이라는 것을 알아야 한다. 염려스러운 것은 공예배를 쉬는 것을 예사롭게 생각한다는 것이다. 이러다가 무슨 일만 생기면 공예배를 문 닫는 문화가 형성될까 염려스럽다. 속히 예배가 회복되어 우리의 죄를 철저히 회개하고 삶의 질도 높아지기를 간절히 바란다.

"감사함으로 그의 문에 들어가며 찬송함으로 그의 궁정에 들어가서 그에게 감사하며 그의 이름을 송축할지어다" 시 100:4.

5.
교회를 통해 복을 받으라

교회를 개척하고 11년이 지났지만 아직까지 수적인 성장이 기대에 미치지 못하고 있는 것 같아 나 스스로 작은 교회 목사라는 인식이 굳어져 있지 않나 생각해 본다. 누구나 큰 목회, 큰 교회를 열망하는 것을 부인할 수 없는 것이 사실이다. 그러나 나에게는 예배하는 이곳이 크고 화려하지는 않지만 왜 이렇게 감격스럽게 느껴지는 이유가 무엇일까? 교회의 규모가 크든지 작든지, 성도의 수가 많든지 적든지 하나님의 눈으로 볼 때는 모두가 똑같은 교회임이 분명하기 때문이다. 이처럼 교회는 크나 작으나 하나님 나라와 세상을 연결해 주는 유일한 통로이기에 너무나도 소중하고 존귀한 그리스도의 몸이다.

나는 한국을 방문할 때마다 처음 가 보는 것처럼 놀라운 경험을 한다. 산골짜기에도 하루 만에 택배가 배달되고 집 앞에만 나가면 무엇이든지 구입할 수 있는 편리한 생활과 발 닿는 데마다 눈부시게 발전해 가고 있는 모습을 볼 수 있었다. 반면에 한국처럼 빠르지 않는 미국을 여행하다 보면 시간대가 3개로 나누어질 만큼 땅덩어리가 넓다 보니 끝없이 펼쳐진 고속도로를 달릴 때 거대한 대자연을 보고 놀라지 않을 수 없다.

이처럼 하나님은 아름다운 천지를 창조하시고 각 나라마다 독특한 환경과 아름다움을 주셨다. 그런데 이 세상에서 가장 편안하고 아름다운 곳은 어디일까 생각해 보니 가정과 교회라는 것을 알았다. 가정과 교회는 너무나 소중하기 때문에 어느 하나라도 실패해서는 온전한 축복을 누릴 수 없는, 떼려야 뗄 수 없는 관계이다.

교회는 가정과 동일시되어야 한다. 가정이 행복하면 교회도 행복하고 교회가 행복하면 가정도 행복해야 한다. 교회가 수적으로 부흥되는 것도 좋지만 무엇보다도 행복해야 한다. 행복한 교회에서 행복한 성도가 되고 행복한 신앙생활은 복의 근원되시는 하나님 때문에 만들어지는 것이다. 그러므로 세상의 복을 교회에서 찾으려고 하면 안 된다. 하늘 나라의 복과 세상의 복은 인간의 생각과 다르다.

말씀을 듣고 지키는 자가 복이 있다고 하였다(계 1:3). 하나님을 믿는 성도들은 교회를 통해 복을 받아야 한다. 교회는 개개인의 삶의 변화를 돕고 구원에 이르도록 도와주는 곳이다. 자신을 향해 질문해 보라. *나는 교회에서 복을 받고 있는가?* "천지를 지으신 여호와께서 시온에서 네게 복을 주실지어다"(시 134:3). 시온, 즉 교회에서 네게 복을 주시겠다고 한 것이다. 더 이상 교회를 우습게 여겨서는 안 된다.

성도는 교회에서 복을 받고 교회의 복이 되어야 한다. 복받는 사람은 교회 앞에서 어떠한 불이익이 있어도 선을 추구한다. "모든 일을 원망과 시비가 없이 하라"(빌 2:14)는 말씀을 마음에 새기고 있다. 나 자신이 크다고 생각할 때 문제가 시작된다. 나는 교회에서 *종인가? 손님인가? 주인인가? 나그네인가?'* 종은 일만 죽도록 잘하는 것이 아니다. 주인의 의도를 알고 바르게 행동하여 좋은 결과를 내는 것이 참된 종이다.

참된 종은 하나님의 높으심을 인정하고 그 앞에서 겸손히 자기를 낮추는 성도를 말한다. 복받는 종은 충성된 종이다. 충성은 자기 몸을 아끼지 않고 복종하는 것을 말한다. 그리고 자기의 것을 희생시키는 것을 말한다.

복받는 종은 겸손하다. 예배의 기본 자세는 겸손이다. 교회를 통해 복받는 자는 신령과 진정으로 예배를 드린다. 기도의 기본 자세도 겸손이다. 바리새인의 기도보다 세리의 기도를 본받아야 한다. 하나님은 겸손한 자를 높이시고 교만한 자를 낮추신다. 그리고 겸손한 자에게 복을 주신다. 복은 사람이 주는 것이 아니라 하나님이 주신다.

하나님으로부터 복받는 성도들의 특징 중의 하나는 삶의 목적이 무엇인지를 분명히 알고 있다는 것이다. 인생의 목적이 무엇인가? 대부분의 사람들은 내 집을 갖는 것이 소망일 것이다. 누구나 내 집에서 편안하고 행복하게 살고자 하는 꿈은 믿음이 있고 없고를 떠나 인간이 가질 수 있는 아름다운 소망이다.

미국 이민생활을 오래하고 비즈니스도 잘하고 있는 성도에게 **'그동안 고생도 많이 하셨는데 이제는 집 한 채 구입해야죠?'** 하고 물었더니 그분의 말씀이 **'아~ 내 집은 하나님 나라에 있는데요?'** 하고 웃으시며 대답했다. 농담으로 한 말이겠지만 정말 이 땅에 살아가면서 자기 집에서 살고 싶은 생각이 없을까?

나는 가끔 이런 질문을 받는다. **'목사님은 어떻게 생활하십니까?'** 목회자의 이민생활이 뻔하니 염려되고 걱정이 되어 묻는 질문에 진지하게 대답하였다. **'사실 우리 아버지가 부자라서 잘살고 있습니다.'** 그랬더니 너무 부럽고 긴장하는 모습으로 듣고 있어 **'그 아버지는 하늘에 계신 하**

*나님 아버지'*라고 말했더니 서로를 바라보고 웃은 적이 있다. 이 세상의 집보다 소중한 것이 있다면 하늘의 영원한 집을 소유하는 것이다. 보이는 현실을 의지하는 것보다 보이지 않는 하나님을 의지하는 것이 복 있는 자가 되는 것이다.

하나님의 자녀들이 살아가는 목적은 분명해야 한다. 하나님이 인간을 창조한 목적이 있다. 이사야 43:21절에 보면 "이 백성은 내가 나를 위하여 지었나니 나를 찬송하게 하려 함이니라". 인간의 목적이 하나님을 찬양하는 것인데 이보다 더 급하고 먼저 해야 할 일이 있을까? 성도에게 있어서 예배보다 소중한 것이 또 무엇일까? 예배는 하나님을 사랑하는 최고의 표시다.

하나님은 외모를 보시지 않고 중심을 보신다고 하였다. 스스로 질문해 보자. *'나는 교회에서 참된 예배자인가?', '나는 교회에서 복을 받고 있는가?'* 교회를 통해 부어 주시는 은혜를 어느 누구도 막을 수 없다. 하나님은 교회를 통해 은혜 받게 하시고 교회를 통해 복을 받게 하셨다.

"너희 몸은 너희가 하나님께로부터 받은 바 너희 가운데 계신 성령의 전인 줄을 알지 못하느냐 너희는 너희 자신의 것이 아니라 값으로 산 것이 되었으니 그런즉 너희 몸으로 하나님께 영광을 돌리라" 고전 6:19-20.

6.
하나님만 바라보라

신학교에서나 교회에서 가장 많이 듣는 소리는 하나님만 바라보라는 것이다. 구원은 오직 하나님께 있기 때문이다. 어려운 문제가 있을 때 목사에게 달려와 묻는다. *'어떻게 하면 좋을까요? 그 사람 때문에 골치 아파 죽겠어요.'* 여기에 대한 처방은 딱 한 가지다. *'그래요? 기도하십시다. 사람 바라보지 말고 하나님만 바라보십시다.'* 이것이 정확한 처방이 아닐까?

이사야가 그랬다. 너희의 하나님만 바라보라는 것이다. 기독교의 공식화된 대답인 것 같지만 하나님만 바라볼 때 문제가 해결되는 것을 구약 시대에서 이미 보여 주셨다. "귀인들을 의지하지 말며 도울 힘이 없는 인생도 의지하지 말지니 그의 호흡이 끊어지면 흙으로 돌아가서 그날에 그의 생각이 소멸하리로다"(시 146:3-4). 많은 사람들은 세상의 권력과 재물에 소망을 두고 살아간다. 사람들은 은근히 자기 주변에 이와 같은 사람들이 있다고 자랑 삼아 말하기도 한다. 그러나 사람을 믿으면 실망을 안겨 준다. 백 번 잘해 놓고 한 번 잘못하면 실망하는 것이 사람이다.

2011년 2월, 교회를 개척했을 때 한인들이 많은 LA로 이사를 하자고 제안한 성도가 있었다. **'목사님, LA 한인타운 가까이 이사 가면 제가 헌금도 많이 하겠습니다.'** 이같은 황당한 제안에 이사한 것은 아니지만 막상 때가 되어 이사하였더니 헌금은커녕 교회에 나오지도 않았다. LA에 살고 있는 지인들도 **'LA 한인타운으로 이사만 오세요. 교회를 정하지 못하고 있는 사람들이 많으니 전도하겠습니다.'** 그랬던 사람들도 전도는커녕 자신이 교회에 방문한 적도 없다.

사람은 믿을 대상이 아니다. 사람한테 기대가 크면 클수록 실망도 크다. 신앙생활 가운데 가장 많이 듣는 말이 무엇이라 했는가? 교회에서 사람 보지 말고 하나님만 바라보라는 것이다. 사람들로부터 칭찬과 인정은 그때 잠시뿐이다. 하나님의 소리에 민감해야 한다. "보라 주 여호와께서 장차 강한 자로 임하실 것이요 친히 그의 팔로 다스리실 것이라 보라 상급이 그에게 있고 보응이 그의 앞에 있으며"(사 40:10). 상급과 보상은 사람이 아닌 하나님으로부터 받아야 값진 것이다.

사람의 마음은 수시로 변한다. **'사람의 마음은 하루에도 열두 번 변한다.'**는 속담도 있다. 마음이 이랬다저랬다 잘 변하는 사람을 가리켜 하는 말이다. 그래서 이사야 선지자는 우리의 환경을 바라보지 말고 너희의 하나님을 보라고 외쳤다. "피곤한 자에게는 능력을 주시며 무능한 자에게는 힘을 더하시나니 소년이라도 피곤하며 곤비하며 장정이라도 넘어지며 쓰러지되 오직 여호와를 앙망하는 자는 새 힘을 얻으리니 독수리가 날개 치며 올라감 같을 것이요 달음박질하여도 곤비하지 아니하겠고 걸어가도 피곤하지 아니하리로다"(사 40:29-31).

세상 사람들의 일상은 피곤한 구조로 되어 있어 피곤하지 않은 사람이 없다. 암이 걸리는 원인은 음식보다는 스트레스와 관련이 있다고 한다.

똑같은 일을 해도 어떤 사람은 피곤하고 어떤 사람은 즐거워한다. 목적이 분명하지 않으면 같은 일을 해도 피곤함을 느끼게 된다. 특히 포로생활을 하고 있는 이스라엘 백성들이 얼마나 피곤하였는지 모른다. 나라도, 가정도, 일자리도 빼앗겼다. 그러니 이사야의 외침이 들려올 리가 없었다.

개척교회를 섬기고 작은 교회를 섬기는 목회자와 성도들은 한 영혼이 얼마나 귀한지를 알고 있을 것이다. 두세 사람 앞에서 설교도 해 보았던 경험도 있어 설교 중에 새로운 성도가 방문하면 설교를 그만두고 마중 나가 인사하고 싶은 충동도 있었을 것이다. 그러나 목회는 숫자가 아니라 성실이다. 하나님과의 동행하는 삶의 기준은 성실이다.

존 번연의 『천로역정』에서는 믿음을 성실로 대변하였다. 믿음이란 진실함, 성실함을 의미한다. 거짓된 믿음과 인간이 꾸민 잘못된 신앙은 하나님 앞에 인정받을 수 없다. 성도 중에는 열심히 봉사하고도 칭찬받지 못하는 경우가 있다. 칭찬받기 위해서라면 무엇이든 행하고 더 나아가 불신앙적인 행동도 마다하지 않는다. 잘못된 열심은 사람을 다치게 하여 상처만 남겨 줄 뿐이다. 잘못된 열심보다 겨자씨만 한 믿음이 더 낫다. "믿음이 없이는 기쁘시게 못하나니 하나님께 나아가는 자는 반드시 그가 계신 것과 또한 그가 자기를 찾는 자들에게 상 주시는 이심을 믿어야 할찌니라"(히 11:6). 열심보다 믿음으로 살 때 하나님을 기쁘시게 한다.

믿음으로 그리스도를 섬기는 사람은 하나님께서 기뻐하시고 사람에게도 칭찬을 받는다. 그런데 지혜롭지 못하면 사람들 앞에 먼저 칭찬받으려고 한다. 사람보다 하나님이 우선이라는 순서가 뒤바뀌면 문제가 생긴다.

변화는 생각을 바꿀 때 나타난다. 똑같이 기도하지만 바리새인과 서기관처럼 자기를 묵상하는 사람이 있고 세리와 같이 자신의 부족함을 인정하며 하나님을 묵상하는 사람이 있다. 자신을 왕으로 세우신 하나님보다 백성들의 눈치만 살폈던 사울이 있는가 하면 구덩이에 빠지고 옥에 갇혀 의지할 곳이 없었던 요셉처럼 하나님의 마음을 살피는 사람도 있다.

나는 과연 어떤 사람일까? 군인은 군인다워야 한다. 군인은 자신의 목숨을 위해 적 앞에서 도망치지 않는 것이 충성된 군인이다. 목사는 목사다워야 한다. 이래도 좋고 저래도 좋은 중간 위치에서 어느 쪽에 설까 눈치 보는 이중적인 모습을 보이지 말아야 한다.

하나님의 자녀인 성도는 하나만 선택해야 한다. 하인은 두 주인을 섬길 수 없고 너희는 하나님과 재물을 동시에 섬길 수 없다고 하였다(눅 16:13). 바울을 버리고 세상이 좋다며 떠나 버렸던 데마의 불행한 삶을 교훈 삼아 주께로 가까이 가는 것이 내 삶의 최고의 축복임을 알아야 한다.

"하나님께 가까이 함이 내게 복이라 내가 주 여호와를 나의 피난처로 삼아 주의 모든 행적을 전파하리이다" 시 73:28.

나가는 말

사람은 만나면 떠나야 할 때가 있고 떠나면 새로운 사람을 만나게 된다. 인생은 이와 같이 반복된 만남과 헤어짐을 통해 차곡차곡 성숙해져 간다. 교회 안에서 등록교인으로 정착하여 하나님의 임무를 수행하는 교인이 있는가 하면 사정으로 인하여 떠나는 교인도 있기 마련이다. 출생한 아이가 성장하면 부모 곁을 떠나는 것이 지극히 정상인 것처럼 사람들은 자신이 원하는 방향으로 떠나는 것이 가장 이상적이다.

그러나 모든 일에 있어서 시작과 끝이 중요하다. 처음 시작할 때는 웃지만 마지막에서 웃기란 쉽지 않다. 시작이 좋았으면 끝도 좋아야 하는데 많은 사람들이 마무리를 못 해서 이제껏 쌓아 온 자신의 업적과 신앙생활을 부끄럽게 만드는 경우를 심심치 않게 볼 수 있었다.

예수님은 들어가고 나오는 것에 대한 비유를 들어 주셨다. "입으로 들어가는 것이 사람을 더럽게 하는 것이 아니라 입에서 나오는 그것이 사람을 더럽게 하는 것이니라"(마 15:11). 누구든지 좋은 것을 먹으려 하고 좋은 마음으로 시작하려고 한다. 그러나 무엇을 먹느냐 보다 무엇을 말하느냐가 중요하다. 말보다 행동이고 행동은 좋은 결과를 가져와야 한다. 즉 과정보다 결과가 중요하다는 것은 끝이 좋아야 한다는 의미다.

성경인물 중 끝이 안 좋은 대표적인 사람이 가룟 유다였다. 그는 예수님의 제자였지만 배교하여 팔아 넘기기까지 하였고 사실을 왜곡한 기만한 자였다. 이처럼 끝이 안 좋은 사람을 두고 배은망덕한 자요, 뒤통수 때리는 자요, 믿는 자에게 발등을 찍는 자라 한다.

성경에 나오는 왕들도 끝이 좋지 않았다. 솔로몬은 일천 번제를 하나님께 드림으로 하나님을 기쁘게 하였다. 그러나 끝에 가서는 천 명이 넘는 이방 여자들을 첩으로 들여와 이방 여인들이 섬기는 우상을 따르자 결국 나라가 쪼개지게 되었다(왕상 11:10-11). 사울왕은 어떤가? 처음에는 겸손하고 온유하였지만 나중에는 교만과 불순종으로 인하여 여호와의 영이 떠나자 악령이 그를 괴롭혀(삼상 16:14) 오늘날까지 나쁜 왕으로 평가받고 있다.

그런데 처음에는 좋지 않았지만 마무리를 잘한 왕이 있다. 12살에 왕이 되어 55년 동안 유다를 통치한 므낫세는 아버지가 헐었던 신당을 세워 우상을 섬기는 등 하나님이 싫어하시는 것만 골라서 하였다. 그러나 그의 말년에는 "기도하였으므로 하나님이 그의 기도를 받으시며 그의 간구를 들으시사 그가 예루살렘에 돌아와서 다시 왕위에 앉게 하시매 므낫세가 그제서야 여호와께서 하나님이신 줄을 알았더라"(대하 33:13). 말년의 그는 이방신들과 우상을 제거하고 제단을 고치며 유다 백성들에게 하나님 여호와를 섬기라고 하였다.

야곱이 아버지와 형을 속이고도 축복을 받은 이유가 끝이 좋았기 때문이다. 위기에 몰린 야곱은 형을 피해 집을 떠날 때 아버지로부터 축복을 받았다. "이삭이 야곱을 불러 그에게 축복하고 또 당부하여 이르되 너는 가나안 사람의 딸들 중에서 아내를 맞이하지 말고"(창 28:1), 장자권을 빼앗긴 에서는 야곱을 찾아 죽이려 하였다. 이런 다급한 상황에서 야곱이 아버지에게 기도를 받고 빨리 도망쳐야 할 순간에도 마지막까지 당부의 말씀까지 들은 이유는 아버지의 축복기도가 얼마나 귀중한가를 알았기 때문이다.

사람은 뒷모습이 아름다워야 한다. 물론 처음처럼 끝도 좋았던 아브라함과 같은 사람도 있다. 아브라함은 처음 등장할 때부터 끝까지 하나님의 사람이었다. 처음도 나쁘고 나중까지 나쁜 바로왕 같은 사람도 있다. 처음부터 이스라엘 백성들을 못살게 굴기 시작하더니만 바로는 홍해까지 이스라엘 백성들을 쫓아왔다가 끝내는 물에 빠져 죽고 말았다.

처음에는 나쁜 사람이었지만 나중에 좋은 모습으로 변화된 사람도 있다. 대표적인 인물이 바울이다. 그는 크리스천들을 잡아 죽이는 것으로 시작한다. 그러자 나중에 바울은 기독교 선교 역사에 가장 큰 영향력을 주고 있는 뛰어난 인물이 되었다. 뿐만 아니라 백성들의 세금을 갈취하여 부자가 된 삭개오의 인생 후반전은 예수님을 만나 변화되었다. 남편 여섯을 바꾸었던 수가성 여인은 예수님을 만난 후 더 이상 질타를 받는 외로운 여자가 아니라 전도자의 모습으로 인생이 바뀌게 되었다.

하나님은 우리가 변화되어 좋은 열매 맺기를 원하신다. 그러나 열매를 맺지 못하면 찍혀서 버려지는 인생이 될 수밖에 없다고 하신다. 그래서 주님은 열매 맺는 가장 중요한 비결을 가르쳐 주셨는데 그것은 가지가 나무에 붙어 있는 것이라 하였다. "나는 포도나무요 너희는 가지라 그가 내 안에, 내가 그 안에 거하면 사람이 열매를 많이 맺나니 나를 떠나서는 너희가 아무것도 할 수 없음이라"(요 15:5). 열매 맺는 가장 기본적인 것은 **'내 안에 거하라.'** 즉 예수님 안에 거하는 것이다.

십자가 처형을 눈앞에 두고도 끝까지 발악하며 자신의 죄를 고백하지 못하고 주님을 주님이라고 인정하기보다는 오히려 비방했던 죄수는 열매가 없어 찍어 버려졌던 무화과나무에 불과했다. 그러나 죄인이었지만 지난 과거를 후회하며 잘못을 인정하고 주님께 자신의 영혼을 맡긴 다른 죄인은 육신은 십자가에 던져졌지만 그의 영혼은 주님과 영원히 함께하였다. 평상시 못된 짓을 하였지만 죽음을 앞두고 뉘우친 결과 자신이 죄인임을 인정하였고 예수님은 죄가 없다는 것을 시인하였다. 그는 여태껏 나쁜 짓만 하였지만 뒤늦게나마 변화되어 구원을 받았다(눅 23:39-43). 이와 같이 끝이 아름다운 사람이 되어야 한다.

'유종의 미'란 말이 있다. 처음 시작한 것을 끝까지 잘하여 좋은 결과를 맺는 것으로 마무리가 중요하다. 사실 우리는 시작의 중요성을 강조하고 살았지만 과정이나 마무리는 미흡하였다. 성공하는 사람들, 성실한 사람들은 마무리를 잘하는 사람들이다. 진정한 그리스도인이라면 처음보다 끝이 더 좋아야 한다.

사람이 칭찬받는 이유가 무엇이겠는가? 사람이 머물다가 떠난 뒷자리가 아름다워야 한다. 뒷모습이 좋은 사람, 끝이 좋은 사람이란 그동안 잘못 살았지만 이제라도 뉘우치고 하나님을 두려워할 줄 아는 십자가에 달린 강도처럼 인생의 마무리를 잘하는 사람이 아니던가?

교회,
더 이상 안 나갑니다

ⓒ 박종진, 2024

초판 1쇄 발행 2024년 4월 1일

지은이 박종진
펴낸이 이기봉
편집 좋은땅 편집팀
펴낸곳 도서출판 좋은땅
주소 서울특별시 마포구 양화로12길 26 지월드빌딩 (서교동 395-7)
전화 02)374-8616~7
팩스 02)374-8614
이메일 gworldbook@naver.com
홈페이지 www.g-world.co.kr

ISBN 979-11-388-2892-5 (03230)